优秀班主任发展与支持系统丛书
主编 齐学红

人际沟通指导

倪文霞 杜海艳 著

南京师范大学出版社

图书在版编目(CIP)数据

人际沟通指导 / 倪文霞,杜海艳著. —— 南京:南京师范大学出版社,2025.5. ——(优秀班主任发展与支持系统丛书 / 齐学红主编). —— ISBN 978-7-5651-6608-2

Ⅰ.G451.6

中国国家版本馆 CIP 数据核字第 202436AP81 号

丛 书 名	优秀班主任发展与支持系统丛书
丛书主编	齐学红
书 名	人际沟通指导
作 者	倪文霞 杜海艳
丛书策划	王 涛 尹 引
责任编辑	尹 引
出版发行	南京师范大学出版社
地 址	江苏省南京市玄武区后宰门西村 9 号(邮编:210016)
电 话	(025)83598919(总编办) 83532185(客户服务部) 83375685(区域渠道部)
网 址	http://press.njnu.edu.cn
电子信箱	nspzbb@njnu.edu.cn
排 版	南京私书坊文化传播有限公司
印 刷	南京新世纪联盟印务有限公司
开 本	889 mm×1240 mm 1/32
印 张	7.5
字 数	184 千
版 次	2025 年 5 月第 1 版
印 次	2025 年 5 月第 1 次印刷
书 号	ISBN 978-7-5651-6608-2
定 价	62.00 元

出 版 人 张 鹏

南京师大版图书若有印装问题请与销售商调换

版权所有 侵犯必究

总 序

看见学生，发展学生，成就学生

"优秀班主任发展与支持系统丛书"是我和南京师范大学出版社的编辑团队，面对新时代中国基础教育发展中的新情况、新变化，对于班主任队伍建设提出的新挑战做出的及时回应。南京师范大学教育科学学院拥有国内第一个专门从事班主任研究的学术机构——班主任研究中心，为南京师范大学出版社提供了国内一流的班主任研究团队和丰富的图书出版资源。早在20世纪90年代，双方就合作出版了"21世纪班主任文库"这一具有史料价值的班主任系列著作。随后又出版了班主任专业化理论建设的系列著作：《发展性班级教育系统》《班主任专业基本功》"班主任专业基本功书系"《班华教授教育文集》等，成为中国班主任研究与出版的高地。

"优秀班主任发展与支持系统丛书"是2015年我在国内率先提出的，"构建班主任专业发展的社会支持系统理论"的主动实践，将班主任发展与支持系统的落脚点放在看见学生、发展学生、成就学生这一学生立场上，体现了班主任专业的根本属性和班主任角色的本质内涵。班主任作为儿童生命成长过程中的"重要他人"和精神关怀者，理应成为儿童研究的专家，我们对儿童的关心和了解越深入，越能走进儿童的精神世界，不仅能够从年轻的生命样态中汲取生机活力，更能发挥作为教育者的价值引领作用，这也是教师作为一种职业所独有的意义和价值所在。

这套丛书是践行立德树人的根本任务，也是全员、全过程、全方位育人理念的具体实践。它将教育主体从班主任转向全体教师，从班主任一人负责制到全员导师制，这也是基础教育综合改革中学校组织方式变革的时代呼唤。丛书聚焦全员导师的四项指导任务：学业指导、人际沟通指导、生命健康指导和家庭教育指导，将理念转化为具体的方法策略，按照聚焦问题、剖析原因、结合案例进行方法策略指导，提供学习资源，扩大研究视野的实践逻辑，站在学生的立场，将发展指导转化为学生具体的学习议题。例如《生命健康教育指导》一书，将生命健康指导落细、落实到青少年生活的具体层面：健康生活很重要，养成好习惯，交到真朋友，培养小兴趣，学会管时间等；同时将学校安全教育、心理健康教育、珍爱生命教育融入其中，体现了基于生活、走向生活的教育理念。

该丛书的出版得到了南京师范大学出版社的高度重视和全力支持，可谓集出版社编辑团队、"随园夜话"班主任沙龙团队之力，大家在一起不断研讨，进行思想碰撞，最终达成共识。各分册主编发挥自己的组织协调力和专业领导力，带领自己的团队高效完成编写任务；出版社组建了强大的编辑团队，他们分工负责，积极配合，将丛书编写的理念转化为精美的图书文本，使丛书的编写过程成为愉快的成长之旅！

期待该丛书能为学校德育工作者、广大一线班主任、中学教师提供一份有指导性、可操作性和专业引领性的精神大餐！也希望大家在阅读此书的同时，能够启发、激发您对教育研究、案例撰写的兴趣，将日常工作转化为研究资源，在研究学生、发现学生、发展学生的同时，成就学生、成就自己！

齐学红
2024 年 11 月

目 录

总序 / 001

第一章
师生沟通 提质增效

第一节　师生沟通的现状 / 002

　　　　一、社会发展要求 / 002

　　　　二、学校教育需求 / 003

　　　　三、师生交往需求 / 005

第二节　认知与沟通需要并行 / 007

　　　　一、沟通策略 / 007

　　　　二、因材施教 / 008

　　　　三、倾听理解 / 012

　　　　四、民主和谐 / 018

第三节　心态与沟通需要互惠 / 024

　　　　一、教育契机 / 024

　　　　二、积极回应 / 029

三、科学处理 / 034

第四节　偶然与必然需要共生 / 041

一、保持幽默 / 042

二、学会共情 / 046

三、课堂冲突 / 054

第二章

家校沟通　共育成长

第一节　家校沟通现状 / 061

一、教育政策情景 / 062

二、家校沟通现状 / 063

三、家校沟通策略 / 066

第二节　常态化沟通 / 071

一、在校表现 / 072

二、思想变化 / 077

三、家校共育 / 083

第三节　积极求助式沟通 / 090

一、习惯矫正 / 091

二、社交困惑 / 096

三、学业压力 / 101

第四节　被动回应式沟通 / 107

一、方法失范 / 108

二、家庭矛盾 / 113

三、行为异样 / 118

第三章
生生交往　和谐发展

第一节　生生沟通的现状 / 127

一、存在问题 / 127

二、成因分析 / 129

三、方法策略 / 131

第二节　班集体交往 / 133

一、同桌交往 / 134

二、班干部越界 / 139

三、行为异样 / 148

第三节　社群交往 / 155

一、网络交往 / 156

二、兄弟姐妹交往 / 161

三、社团交往 / 165

第四节　同伴交往 / 171

一、交友的烦恼 / 172

二、异性交往 / 177

三、拒绝交往 / 181

第四章
团队并进　携手合育

第一节　团队合作的现状 / 187
　　一、社会环境现状分析 / 188
　　二、教育环境现状分析 / 189
第二节　智慧建设　集体成长 / 190
　　一、面对科任教师的告状 / 191
　　二、面对不同特点的班集体 / 195
第三节　班级合育　双向奔赴 / 204
　　一、"混乱"的班级管理 / 205
　　二、合育，共树班风班貌 / 209
第四节　团队建设　互助共赢 / 217
　　一、活动后的"自作主张" / 218
　　二、夯实工作底线，维护教育秩序 / 222
　　三、组建班级育人共同体 / 226

后记 / 232

第一章
师生沟通　提质增效

　　人际沟通是一种情感和思想传达的方式，良好的沟通能力能够让自身拥有独特的个人魅力，能够更好地与他人相处。

　　人际沟通除了满足自我的认同以及社交的需求外，也是解决生活实际问题的关键，更是每个职业成功者背后不可或缺的重要因素。

　　高效的沟通有助于提升人际交往的能力。要想在人际沟通中提质增效，需要掌握熟练的沟通技巧，选择恰当的沟通时机。不同的情境要选择不同的沟通方法，学会换位思考。要有同理心，从理解并同意他人的观点中获得有效的信息。更要学会在沟通中自我审视沟通的全过程，及时调整自己的沟通策略。人际沟通中过多的负面交流只会导致更多的负面结果。

　　师生沟通是校园中的人际沟通。学校中的同伴交往和师生交往对学生的社交发展和自我认知的形成有着重要影响，是学校教育中生生、师生等建立联系、解决问题的关键。教育家罗杰斯提出的非指导性教学理论，更强调教师在与学生沟通中要关注学生情感的需求，认为教育教学活动中师生沟通是否高效是教育成败的关键。

　　学校是学生生活的重要场所，孩子来到这个世界时几乎没有自我认同感，而是通过生活中与人交往沟通习得能力。随着社会经济的发展和沟通方式的多样化，教学实施过程成为师生交往、对话、合作的过程。有效的沟通是在与学生交流互动中，从情感上互相接纳，通过信息传递了解学生的意愿与需求，师生建立真正的联系和信任，从而达到教育的效果，这也是理想的教学应该有的样态。而建立良好的师生关系，前提是发现每一位学生的闪光点，完好地保护学生的独特性，用一种平等、欣赏的眼光去看待他们不一样的闪光点。更要提升师生沟通的育人水平，实时关注学生的情感需求，了解学生的心理状态，走进学生的心灵深处，做到育人育心，浇树浇根。

第一节　师生沟通的现状

随着近代教育的发展，师生沟通质量与效率越来越受到重视，师生沟通的方式也越来越多元化，师生沟通贯穿于教育教学的各个环节，教师需要从传授知识，关注学生的学业成绩的同时，还要关注学生的身心健康。

一、社会发展要求

1. 社会对教育重视程度加深

现代社会教育竞争激烈，家长对孩子教育的关注程度高，家校沟通频次越来越多，师生沟通也越来越频繁，从学业水平上的指导到学生的心理健康教育和品德教育都有所涉及，故而当下教育对教师的专业素养要求比较高。现在独生子女的一代开始步入教师工作岗位，他们属于受到家庭专属疼爱的一代，其共情力、情感表现力、人际交往沟通力会比较缺失，自身还处于被父母呵护包办的生活状态中，工作以后需要有一个角色转变的过程,从而与社会发展要求相适应。

2. 国家人口教育政策的调整

人口政策调整之前,学生多数是独生子女,在家庭生活中受到"专宠"溺爱,而近几年人口政策放开以后,有些学生家庭结构发生变化,"二宝""三宝"的"分宠",使孩子容易因为父母的忽略,产生心理逆反,需要教师用心观察,及时沟通疏导。而在学校,一些教师因为平时的教学工作比较繁重,和学生的沟通较少,这就很难和学生之间建立信任,也就难以解决学生在成长中遇到的烦恼。也有些教师沟通方式比较简单粗暴,容易体罚学生,语言不得体、方式不恰当的极端事件也有发生。所以只有教师和学生相互信任,加强沟通交流,学生能够和教师进行高频率的沟通,教师对学生也有很强烈的沟通意愿,师生沟通才能越来越高效。

二、学校教育需求

我国教育改革进程的推进对学校的教育管理工作提出了更深层次的要求。教育管理者重视教育管理工作中学生学业水平的提高,毕竟教学质量是学校工作的生命线,但普遍对教育教学过程中的师生沟通重视不够。而优化师生沟通工作对提高教学效率、保证教学质量等方面都具有至关重要的现实意义。

1. 提升教师沟通力

现在师生沟通多因学生出现不良行为,需要矫正不良行为,或者为了课堂教学的完成而沟通,简言之,"因为有事而沟通"。而常态化的关于学生身心发展的沟通较少,师生沟通中教师的言行举止、人格魅力的影响不够,对学生世界观、人生观形成的引导不足,而这种沟通如能有效实现,会更好促成师生间关系的

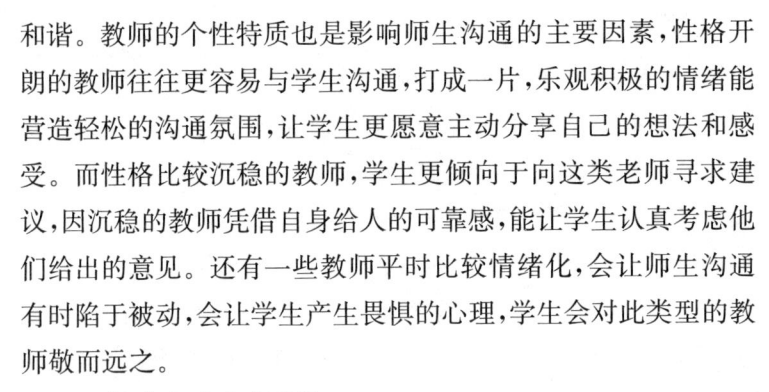

和谐。教师的个性特质也是影响师生沟通的主要因素,性格开朗的教师往往更容易与学生沟通,打成一片,乐观积极的情绪能营造轻松的沟通氛围,让学生更愿意主动分享自己的想法和感受。而性格比较沉稳的教师,学生更倾向于向这类老师寻求建议,因沉稳的教师凭借自身给人的可靠感,能让学生认真考虑他们给出的意见。还有一些教师平时比较情绪化,会让师生沟通有时陷于被动,会让学生产生畏惧的心理,学生会对此类型的教师敬而远之。

2. 提升沟通的有效性

近年来师生沟通矛盾频发,因为师生沟通不畅导致的家校矛盾等也越来越多,教师不知道该如何有效与学生沟通,如何把握沟通的尺度。有些优秀学生,因为各方面表现优异,平时跟老师几乎没有太多的沟通机会和时间,课后在校园或是校外再遇见科任教师时,表现得像不认识老师一样,这也反映了师生之间情感沟通的缺失。平日里无事发生还好,一旦学生出现特殊极端情况,教师因为与学生沟通较少,对学生在班级的同学交往、家庭的成长环境、学习成长中的烦恼知之甚少,教师和学生之间这种"不到位的沟通"不足以建立起牢固的信任感,进而在一定程度上影响教育教学的效果。

3. 促进学生的健康发展

沟通能让学生的心理更加健康。师生之间良好的沟通相当于为学生提供了一个"情绪安全阀"。当学生内心积攒了压力、焦虑、困惑等负面情绪时,通过与老师沟通能得到释放。比如,学生在面对家庭变故带来的压力时,和老师倾诉后,老师可以给予理解和开导,帮助学生排解情绪,避免这些负面情绪影响学生的心理健康。

沟通能引导学生明确学习目标。教师通过与学生交流学习

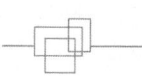

愿景,可以帮助学生规划学习路径。例如,在沟通中教师可以结合学生的兴趣和特长,建议学生参加某些学科竞赛,引导学生朝着明确的方向努力。同时,沟通也有助于学生克服学习困难。如果学生在某个知识点或学科上遇到瓶颈,教师能通过沟通及时发现,并给予针对性的讲解和学习方法的指导。

沟通能塑造学生的品德和价值观。师生沟通发挥着潜移默化的作用,教师在沟通中展现的正直、宽容、责任感等品质会感染学生。

沟通也能提高学生的社交能力。学生可以从和教师的沟通中学习如何表达自己的观点,尊重他人的意见。例如,在讨论班级事务时,教师认真倾听学生的意见并给出合理反馈,这有助于学生学会良好的沟通技巧,提升他们在其他社交场合的能力。

三、师生交往需求

1. 师生沟通要有情感的融入

现在不少教师与学生沟通较少,对学生在班级的同学交往、家庭的成长环境、学习成长中的烦恼知之甚少,只对学生的学业水平过分关注,关注的主体多数是作业、课堂学习等方面,师生之间的情感比较淡薄。教师应该多一些温和、亲切和鼓励性的话语,让师生之间相处得更加融洽。面带微笑、点头,眼神的接触等都是情感融入的表现。

班级管理中,对于一些行为习惯较差,比较顽劣的学生,教师多批评指责或者直接进行"告状式"家校沟通,向家长细数学生种种"不良"行为,没有从情感上主动、积极地寻求策略去帮助学生协同家长一起探讨如何矫正学生的不良行为,而将学生的问题归结为家庭教育的缺失,或是父母教养不当等。教师没有从内心上真正地去接纳学生,学生也会拒绝跟老师沟通,遂陷入一种学生不断犯错,老师不断指责,家长一起指责的恶性循环当中。所以师生交往的提质增效必须要沟通,双方要有情感上的投入。

2. 师生沟通彰显以学生为主体的意识

在平时的教育生活中,师生沟通大多是教师单方面的教育行为,沟通双方没有同等的话语权,师生之间的身份差异引起师生沟通障碍。随着自主意识的觉醒,学生更期待平等、尊重、对话的沟通方式。所以教师要多用表扬激励学生,注意讲究原则和策略,否则不但不能起到正向鼓励的作用,还可能给学生造成心理伤害。在沟通内容上要以学生为主体,围绕学生的需求、兴趣、困惑展开。沟通的方式上,多鼓励学生主动提问,发表见解。在沟通的反馈中多问学生对沟通内容的感受。

3. 师生沟通要根据学生不同阶段特点

小学阶段师生沟通主要是对学生的行为习惯方面出现的问题进行矫正或者强化习惯的养成,教会学生学会正确的交往以及如何更好地适应班集体的生活,同学间如何正确相处也是师生沟通的一个重要方面。初中阶段师生沟通主要在于青春期学生独立意识觉醒,与老师、父母产生冲突后的指导,以及对学业负担给学生带来的压力的正确引导。高中阶段师生沟通的主体主要是助力学生形成正确的人生观、价值观,排解学生学业压力,以及对高中生异性交往的引导。初高中生面临升学压力,随着社会竞争加剧,家长和老师都把学生的成绩放在了首要位置,学生遇到学习或者生活中的难题,不愿意与老师沟通。目前,各学段教师面临的共性的问题是,如今中小学心理健康教育普遍开展,而"非专业化"的班主任经常感到压力很大,他们在能力、经验上暴露出一定的局限性。

第二节 认知与沟通需要并行

师生沟通的有效进行有利于提高教育教学质量,促进学生全面健康发展。但在实际教育教学中经常发现教师缺乏沟通的积极心态,缺乏主动沟通的意识和能力,小学阶段师生沟通聚焦于行为习惯的矫正、学业问题、同学矛盾的处理等方面,但到了初、高中阶段,学生的独立自主意识开始觉醒,他们在师生沟通中渴望得到认同,当沟通中教师无法共情于他们的困惑时,学生会产生强烈的抵触情绪,使得师生沟通面临很大挑战。

一、沟通策略

1. 树立以人为本的沟通理念,让学生敢说

教育要做到以人为本,坚持立德树人。教师要尊重每一位学生,树立和学生平等沟通的意识,利用课下的时间多走进学生的生活,了解他们的兴趣爱好,寻找沟通的话题。每一位学生都是独一无二的个体,他们来自不同的家庭,拥有不同的性格,会有兴趣爱好的差异等。教师在沟通时要依据学生的特点进行沟通,切实做到以学生为本位,并给学生创造良好的个性发展空间。

2. 营造轻松愉快的沟通氛围,让学生想说

师生的沟通在轻松愉快的氛围中进行,学生的思维会活跃,更有表达的欲望。所以教师在与学生沟通时,如果想让学生说出内心的真实想法,就要从学生的角度出发,为学生营造一个轻松愉快的氛围,让学生的身心得到放松。如果教师没有稳定的

情绪,这种情绪就会泛化到学生上,影响学生沟通的欲望。学生的兴趣一旦丧失,教育效果就很难有保证。教师在沟通中应该努力做到和善坚定,时刻向学生传递着"别怕,有问题我们一起来解决"的信息。在这样的沟通情境中,学生才会乐于表达,教师才能从学生表达中找到教育的契机,更好地实施教育。

3. 掌握更多沟通技巧,让学生多说

学生都渴望教师的温暖与关怀,教师在对学生评价时要多对学生自身的横向进行比较,给予学生正面反馈。师生沟通形式要丰富,不一定只是面对面的交流,可以体现在作业批改时一个点赞的大拇指,可以是学生作业中呈现的一个学业问题的点评,也可以是作业中一句鼓励性的语言。

4. 挖掘沟通资源,让学生乐说

在平时教育的过程中,教师与学生沟通的内容主要是学生在校的表现,话题比较固定,人群比较固定,主要是一些行为习惯表现不良的学生。这种沟通经常会陷入一种犯错—矫正—再犯错—再矫正的恶性循环中,教育效果越来越不明显。教师可以根据学生的兴趣开发多方面的沟通内容和课外的沟通资源,不局限于不良行为本身,可以从学生感兴趣的点出发,先激发学生沟通表达的欲望,在某一方面让学生有自信心,再适时传达;如果改正不良行为可能会获得更多的认可。也可以多和学生沟通生活中遇到的各种各样的事情,也可以是学生喜欢的军事、动物、植物的知识等,只有和学生的生活和认知产生勾连,才能让学生更愿意与教师交流。

二、因材施教

每位学生在教育中都是独一无二的,师生沟通的方法一定

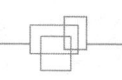

不能千篇一律,教师必须根据学生的差异进行个性化的沟通。根据教育中学生身上存在的问题,教师要有正确的认知,采取正确的沟通方法,解决学生成长中遇到的来自家庭、学习、交友等一系列成长中的烦恼。师生沟通中,作为教师要能够帮助学生建立自信,联合家庭教育的力量,让学生的成长被看见,让学生体验到成功的快乐,激发学生进行沟通的欲望。

【情境案例】

2021年2月20日,小学开学前的一天晚上,一位小女孩伤心地坐在窗台上,此时只要她往前一倾,一条生命有可能就逝去。她坐在窗台的起因是寒假后要开学了,妈妈要收走小女孩的手机,但是小女孩不同意,两人发生了激烈争吵。小女孩在情急之下大喊:"把手机给我,要不然我就跳下去了。"她妈妈也不服软:"你有本事就跳下去。"于是,她就爬上了窗台。她是在六年级上学期转到新的学校的,没想到才半年时间就发生了这样的事情。后来经诊断,她患了轻度抑郁症。

【案例分析】

抑郁大多来自外部的压力,如果孩子不懂如何把压力释放,就只能选择深压心中。长此以往,内心便开始抑郁。那么她的压力来自哪里呢?

首先是环境的改变。据妈妈反映,她在原来的学校成绩优秀,但是转到新的学校之后,学习成绩有了很大的落差。班主任去询问各科老师,老师们都说她原来的基础比较薄弱,但是经过半个学期的努力,成绩已经有很大进步了,且各科教师对她没有批评,反而每次都是鼓励。但是她在课堂上和同学们的面前,自信心仍然不足,看来压力不会来自教师。

其次是同学交往有障碍。她的性格比较内向,沉默寡言。自她加入班级以来,班主任给她安排了女生同桌,也鼓励同学们多接近她,但是她的话比较少,不会主动跟同学交往。

最后就是家庭教育方法不当。孩子多由母亲照顾,父亲角色缺失,经常出差不在家,家中又有了妹妹需要照顾,妈妈也身心疲惫,逐渐失去了教育的耐心。妈妈对她要求很严格,不允许她犯什么错误。对于她喜欢的事情,妈妈总是让她按照妈妈的想法去做。由此看来,该同学的家庭关系不和谐,她在家经常处于一种无人关注的状态。再加上转入一所新的学校,老师和学生都相对陌生,加之性格内向,没有办法排解心中的困扰,因此产生巨大压力……长期积累的负面情绪没有及时宣泄,积压心中,就形成了"抑郁"。

【学生有话说】

别人只看到我爬上了窗台,却从来不问我为什么,这世界上还有几个人关心我呢?我不想手机被收走,不是因为我要玩手机游戏,也不是刷手机视频,是因为手机的那端有个她陪伴着我。她是我通过网络认识的一位好友,那位好友经常会安慰我的情绪,给我说笑话,而且会推荐安静的音乐给我听。那天晚上,我太失望了,我再次见证了家人的冷漠,他们竟然让我有本事就跳,那我就跳给他们看看。爬上窗台是我最后的倔强。

【方法策略】

1. 转变认知,感受学生的心理需要

班主任对学生的不良情绪和问题要有追根溯源的善心和决心。班主任要从现在追溯到以前的纵向角度,也要通过教师、家长、同伴的横向角度进行调研,力求调研结果客观,可信度高。

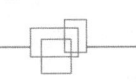

只有明确问题,才能对症下药。教师要对这样的学生多给予关爱,给予尊重,多倾听学生的心声,对学生的需求及时提供帮助。课上关注学生的表现,及时发现不良情况。课下多与学生沟通,构建信任的师生关系,让学生在遇到困难时能想到向教师求助,寻求解决。

转变学生认知,肯定学生信心。认知行为疗法是由亚伦·贝克在20世纪60年代发展出的一种心理治疗方法,主要针对抑郁症、焦虑症等心理疾病和不合理认知导致的心理问题。它主要是通过改变患者对自己或对他人看法与态度来改变心理问题。认知行为疗法的目标不光是改变学生的行为模式,更要改变学生的思维模式。出现问题的学生在排除生理问题后,大多数是认知的问题。针对这样的学生,光说空洞的道理是不行的,次数少也是不够的,所以班主任就要通过各种事实材料,让学生真心地感受到原有认知的错误。比如案例中的小女孩一直觉得自己的成绩较差,看不到进步,这时可以通过科任教师的面对面评价、班级评价量化的数据等各种方式,让学生看到进步,从而增强信心。当然,认知的转变绝非易事,班主任要做好打持久战的准备。

2. 努力创设良好的同辈沟通环境

这个年龄段的学生特别关注来自同伴的评价,同伴正面积极的评价将会促使学生形成正面的自我评价。因此可以举办"夸夸你"等活动,就能让学生听到来自同伴的评价。随着学生年龄的增长,同伴对学生的影响会越来越大,创设良好的同辈环境对学生健康心理的发育至关重要。因此,在班级中要为像小女孩这样的学生安排一些好朋友与其相处,陪伴在其身边。也可以经常性在班级安排团体活动,和谐同学关系,让个体在群体中能够收获友情。根据马斯洛的需要层次理论,每个个体都有生理需要、安全需要、社交需要等。身体和心理的安全特别重要,班主任要通过各种方式积极营造。

3.认真做好亲子沟通的桥梁

温馨的家庭环境、和谐的家庭关系对孩子行为或者心理的转变都将大有好处。解决问题的方法从来不是大吼大叫,只有用爱慢慢滋润,慢慢养育学生的优秀行为。班主任可以给家长写一封信,信中写一写教师所做的努力,写一写对家长的期盼,写一写孩子的进步,写一写共同的目标。人人都说"老师说一句话顶得上家长说一万句",殊不知家长才是孩子的第一任教师,家庭是孩子的第一所学校。这所"学校"里的"老师"可以不那么专业,不那么严格,但是一定是充满爱的,能给予孩子心灵的温暖,让孩子在这里感受到幸福。可以在周五的时候就筹划"欢乐周末日",可以亲子做放风筝、骑自行车等活动。"生活即教育",在生活、交往中做教育。

三、倾听理解

学校教育的主体是学生,学校所有的工作都是以学生发展为核心进行的,师生关系融洽是一股强大的力量,教育是慢的艺术,不要试图一次性解决学生教育中的问题。首先,师生沟通中班主任不必急于进行干预或者占据沟通的主导权,而应该给学生创设一个安全的可以畅所欲言的环境,让学生去表达自己内心真实的想法,班主任只需要去倾听,通过倾听来判断学生对于目前遇到的困扰事件的情绪状态。如果发现学生的情绪状态不良,及时予以安抚,通过亲密的肢体语言让学生感受到来自班主任的关心与爱护,通过眼神的注视互动等让学生觉察到来自班主任的共情。其次,班主任要尝试耐心听完学生所讲述其面临的问题,不随意打断,不随意提问,不随意说教,保持一种听故事

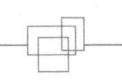

的好奇心,听完整个事件的过程。最后当学生讲述完问题以后,作为班主任,要有一个敏锐的洞察力,发现学生在事件背后内心真正的需求,不断尝试满足学生的心理需求,学生才乐于沟通,才能让师生沟通更加和谐。

【情境案例】

小陈同学成绩优异,有很多女同学都很倾慕他,但他不为所动。没想到初三上学期结束的时候,班主任王老师却发现他跟班上一位女同学关系很亲密。发现这个情况后,班主任立即找他们谈话,跟他们讲明利害关系,指出这是一种不理智的行为,现阶段男生女生不应该过分亲密,并且当前主要任务是学习,跟学习无关的事尽量不要涉及。班主任和双方家长取得联系,希望双方家长一起配合,加强监督,让小陈和这位女生不要再有来往。两位同学的家长很配合,表示要和孩子好好谈谈并加强管束,同时也恳请老师在学校监督两人的交往,不要影响学习成绩和以后的发展。

【案例分析】

案例中的班主任能够及时发现男女生关系很亲密,说明班主任在班级管理中还是能从细微之处去发现学生的心理变化的,发现问题也是解决问题的重要环节。

但该班主任对于师生沟通理念缺少正确的认知。师生沟通应该以尊重为前提,以解决学生成长困惑为目的,所以情境中遇到的问题不能仅是教师简单的说教,或者与家长沟通共同监督就可以解决,应该理解情境中是初三的学生。随着身心系统的逐渐成熟,青春期学生必然会对异性产生由关注到倾慕再到追求的心理变化,这是成长的必经阶段。

沟通的方式方法要随着年段的改变而改变,不能一成不变。初三时期,因为中考的压力,学生家庭、学校给予学生的关注、干预较多,但这一阶段的学生有时对老师、家长的关心不理解,再加之有时班主任、家长的方式方法的使用不当,会导致学生认为这是对自身利益的损害和对自身学习生活的"干预",伤害了他们的自尊心,会有逆反的心理。情境中"班主任立即找他们谈话,跟他们讲明利害关系,指出这是一种不理智的行为,现阶段男生女生不应该过分亲密,当前主要任务是学习,跟学习无关的事尽量不要涉及",采用的方法可能能够暂时遏制住青春期孩子亲密举动,但出现反复的概率比较大,家校合作方式也不能是简单进行遏制。

【学生有话说】

家长和老师真烦,每天嘴里念叨的就是"学习、学习",好像世界上除了学习,其他事都没有了。女孩子喜欢我,又不是我的错,我只是跟那位女同学走近了一点,就不分青红皂白地说我跟女同学关系亲密,还找家长。我是个男生,更是个青春期的男生,跟女孩子走近点没错呀,我并没有觉得影响我们学习了,我们在互相促进,我们还约定了一起考理想的高中呢。现在好了,一切成为泡影。

【方法策略】

1. 沟通时教师要俯下身子

班主任与学生沟通要学会尊重学生。在师生沟通中,班主任经常会打着"为你好"的名义,强制约束学生的交往等行为。师生沟通中应该要学会正确的疏导,班主任要有积极的思维,找出学生的正面动机,然后因势利导。当学生行为背后的动机被

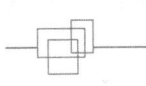

肯定、被接受之后，他会有一种被看到、被理解、被尊重的感觉。青春期的学生处于自我意识的发展时期，如果班主任过多干预，师生之间会引发冲突。他们是正在发展中的人，是拥有独立生命的个体，而学生发展每个年段都有不同的特点，青春期又是人身心发展的结构性改组最迅猛的时期。

教育的过程当中，家长和班主任应该把学生看成是人格平等的主体，班主任站在学生角度，设身处地为学生考虑，让学生觉得老师是可以信赖和沟通的。学会尊重学生，让学生接受老师，这是沟通的第一步。沟通中让学生积极表达自己内心的想法，才能够增加与学生之间的了解、信任。如果一味否定，有可能会让教育出现更多挫败，甚至让学生更加叛逆，所以一定要积极沟通，学会信任学生，让学生独立解决这些问题。与学生建立坦诚的对话，让学生愿意与教师分享自己的感受和想法。不要试图强迫学生停止某些行为，而是一起讨论这件事可能带来的影响和风险。通过开放的对话，可以更好地了解学生的需求，并找到解决问题的方法。不要总是以教师的身份对待学生出现的任何行为，应该是尊重学生想法，在此基础上找到解决问题的方法。

此外俯下身子尊重学生还包括遇到问题时与家长充分沟通，这很有必要。一是家长有知情权，二是万一亲密关系进一步发展，班主任没把这件事告知家长，会有家校沟通不畅事情发生。但是要提醒家长做好保密工作，有些孩子非常敏感，会忌讳家长和班主任之间互相"告密"，如果不保密那就不利于事情的解决。如果学生在学校的很多问题教师都与家长事无巨细地沟通，很容易让学生产生不信任感，认为家长与班主任一起来监督，没有自己的空间与自由。

2. 沟通时要先听听学生怎么说

倾听是一种重要的师生沟通的方法与技巧,可以有效融洽师生关系。在倾听的过程中,其实是让学生感受到一种被理解、被接纳、被共情的感觉,学生能够更愿意打开心门与班主任沟通。用心倾听可以让学生的表达欲望得以满足,让学生在过程中感受到存在感、需要感,得到相应的尊重和重视。如情境中的班主任一样,发现问题以后就急于告知学生问题的利与弊,学生会出现一种"我知道老师说的是正确的,但是不会去遵从"的逆反心理。对于青春期的学生还可能出现逆反和老师作对。在教育教学实践中,我们经常看到一些教师俯身向前,目光注视学生,认真聆听学生的讲话,时而喜极而泣,时而悲从中来,感同身受,让学生深刻体会到老师是可以"同欢喜共患难"的朋友。表达往往也是一种疗愈,当一个学生愿意把自己的感受说出来时,说明他开始打开心扉,寻求帮助。

作为班主任,倾听中要掌握一定的方法技巧,有效的倾听应该有动作上的专注倾听和心理上的专注倾听两种。当需要与学生进行沟通时,合适的肢体语言、恰当的表情、舒适的环境更能让学生乐于表达内心真实的想法。可以给学生呈现放松的微笑,要通过眼神传递对学生的温暖,让学生在沟通时有心理安全感。学生生气、暴怒、对峙时,班主任只需要做一件事,那就是倾听,看着对方,给出回应,让学生充分地倾诉,哪怕他的所说前言不搭后语,逻辑混乱,甚至自相矛盾,都不要着急,就通过自己的追问,让学生继续倾诉,逐渐地会发现学生的情绪由愤怒转向委屈,当他出现委屈的情绪时,还要继续让他倾诉,让他说出自己的感受和需求,接着班主任会发现他开始评价是非,在评价的时候他会查找对方的错误,也会发现自己的错误,此时班主任只需要继续追问:"咱们做错的该怎么办啊?"学生自己就能找到答

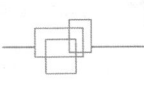

案,并且他自己找到的答案远远强于班主任告诉他的答案。谈话接近尾声,再夸一夸学生很会发现问题、分析问题,并能找到解决办法,那接下来就按他找到的解决办法去做。

3. 沟通时时刻传达"我和你在一起"

共情则是强调他人与自我之间的联结。与学生沟通时,应该学会站在学生的角度,先与学生产生共情,学生感受到理解,才会进一步表达自己的想法。共情需要带着真诚,虚假的感情无法深入学生的内心。与学生沟通时要饱含真诚,面对学生在成长中出现的错误的原则性问题,班主任不需要隐瞒自己的情绪,可以通过真诚的共情去帮助学生解决面临的问题,学生自然乐意分享他们的想法。学生如果在不良情绪中做出了不好的行为,班主任要及时纠正,纠正的方式也要建立在共情的基础上。让学生能够感受到来自教师的关爱,又能感受到自己行为需要改正的地方。学生在青春期,因为激素的变化而对异性有强烈的好奇心,想引起别人的注意力。此时的师生沟通不能一味地指责。学生遇到问题时,有时会向老师求助,表达时也经常采用规避风险的方式,逃避自己的问题,在矛盾中寻求解决问题的方法,此时,班主任可以先肯定学生的感受。如此做,学生会认为老师是理解他的,不会追究自己的"问题"或"责任",所以才敢继续吐露心声,暴露自己的问题。其实师生沟通的目的不是纠错而是让他们能正视自己的问题,自主改正自己的错误,弥补不足。当学生暴露自己的问题后,班主任也不要急于去帮助他改正错误,先听听他的想法和意见,帮助他分析可能出现的问题,当学生认可和接受后再给予意见和解决问题的方法。

四、民主和谐

作为班主任,要有驾驭班级全局的能力,对于班级管理要能做到游刃有余。但一定不要做"劳模"型的班主任,要有一定的组织协调能力,让班级管理井井有条。但是班级管理一定要做到民主和谐,让学生能够在愉悦的氛围中获得集体的教育。班主任要尝试多鼓励学生,让学生能够参与到班级管理中。还需要能够充分发挥学生的自主性,构建一个学生能够自主管理的班级制度体系。班级管理不能只是专制的压制,班级制度的制订要充分发挥学生的主观能动性。

班主任要注重班级班风的建设,有班级发展的规划,并在班级管理中带领学生具体实施,开展丰富多彩的班级活动能让学生在活动中实现自我教育与自我提升。

班主任更要做一个民主型班主任,利用班会、课间、课堂等时间多与学生沟通,走进学生的内心世界,做一个懂学生、会沟通的老师。

【情境案例】

班主任王老师是第一年带高三,工作认真负责,班级管理都在自己的"掌控之中"。前段时候,因为班主任培训需要出差到外地一周,回来后,她发现班级的氛围悄悄发生了变化。不仅几位科任教师连续反馈同学们上课不配合,而且在王老师批评教育同学们时也有不少人面露不悦,甚至回嘴顶撞。后来经过和班委沟通才知道,代班班主任不仅要求少,很少批评他们,而且作业布置也少,班上很多同学很怀念代班班主任。

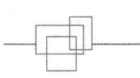

【案例分析】

案例中王老师班级管理中出现的问题，其根本原因是班主任在师生沟通中教育理念产生偏差，对于师生沟通缺少正确的认知，没有创设一种民主和谐的沟通氛围，进而导致师生关系的不和谐。

首先，王老师的沟通理念有偏差。她工作认真负责，自认为班级管理都在自己的"掌控之中"。但是如此管理方式，表面看一片和谐，实则是师生间的不信任暗流涌动。班主任与学生之间的关系停留在管理与被管理的角色中，所以王老师认为的一切都在自己的"掌控之中"只是一种压制，学生只是一种逆来顺受的服从。师生之间没有过多的情感交流，久而久之，班主任与学生之间形成一种虚假的"和谐共生"。班主任认真负责的专制管理，学生表面服从，但这种"和谐共生"只是短暂的，班主任与学生之间没有心灵交流。

其次，王老师在师生沟通中缺少正确的方法。情境中提到，当班主任因事短暂离开以后，新的代班主任注入了新的管理理念，学生突然体会了民主和谐被尊重的师生关系，班级管理中没有了王老师规定的太多条条框框，没有了事无巨细的班规约束他们的行为，班级中出现问题时没有了太多的批评指责，也没有了王老师带给学生的巨大的作业负担以后，学生的心理悄然发生变化，他们的平等意识开始觉醒，希望得到尊重与理解，希望得到肯定与表扬。当王老师还是按照以前的方式方法进行管理时，开始出现王老师"批评教育同学们时也有不少人面露不悦，甚至回嘴顶撞"的状况，这是对王老师教育方法的挑战，也是对师生关系中平等相待的自由的渴求。情境中的班级也没有组建有效的班干部机制，学生有事不跟老师沟通，班干部也没有主动告知，经过询问才告知班级同学的真实想法，所以师生沟通中班主任与学生沟通不顺畅,班级沟通渠道也没有完全打开。

【学生有话说】

　　哎,好喜欢这个代班主任呀,仅仅一周时间,我就很舍不得他。原来班主任也可以是这样的:要求这么少,还不批评我们,作业这么少,每天在学校我都能完成了。放学以后我就可以有自己支配的时间啦!再看看我们亲爱的王老师,她对我们那么多要求,对待我们犹如犯人一样,随时都是规矩,随时都会有批评,作业那更不用说了。王老师嘴里天天喊着:"高三了,我是为你们好。"殊不知,高三的我们最讨厌听到的就是这句话。为我们好,为什么不懂我们的心呢,我们渴望的是尊重、平等、理解啊。

【方法策略】

　　1. 沟通时,教师要做到心中时时有爱

　　苏霍姆林斯基说:"教育技巧的全部奥秘就在于如何爱护学生。"学生需要关爱,教育呼唤关爱。班级师生管理融洽的背后一定有班主任的仁爱之心、扎实的专业素养和笃定的教育立场。班主任要密切关注学生的心理状态和情感变化,及时发现并解决问题。当学生面临困扰或挫折时,班主任要给予他们及时的关怀和帮助,让他们感受到温暖和支持。班主任要时时给予学生师爱,这种爱会给学生遇到困难时以信心,让学生遇到困难时总会寻求老师的帮助,而不会遇到问题不会求助。作为老师要多想的应该是:我的学生在想什么?他们到底需要什么?当他们出现困难时我应该怎样帮助他?这就要求班主任走进学生的内心世界,做学生心灵的摆渡人,关注学生真正关心的问题。班主任也要学会用肢体语言表达对学生的关爱,学生遇到委屈时

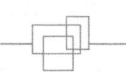

一个大大的拥抱,一个温柔的抚摸,一个关切的眼神都能让学生瞬间感到温暖,愿意敞开心扉去分享自己的内心。

2. 沟通时,教师要敢于放权,让学生敢于表达

一位公正公平、民主开放的班主任,能够营造出一个和谐、积极向上的班级氛围,让学生愿意参与到班级的各项活动中来。在这样的班级中,每个学生都能够发挥自己的特长和优势,为班级的发展贡献自己的力量。班主任还要尊重学生的意见和建议,鼓励他们发表自己的看法和想法,培养他们的民主意识和参与意识。

学生升入高中以后,他们的身体与心理都处于飞速成长的关键时期,他们渴望与老师分享内心的想法,希望老师能够了解他们的学习、生活和情感状态,而不是用规则约束他们的行为。只有这样,教师才能真正融入学生群体,成为学生的良师益友。

班级管理中要有顺畅的沟通渠道,班主任是班级管理的第一责任人,要建立良好的班风,充分发挥班干部的班级管理作用。班委要做好班主任与班级学生之间沟通的桥梁,把班级学生的想法诉求传达给班主任,班主任根据班级学生的需求,创建民主和谐的班级氛围,让学生有诉求时能敢于表达。而班主任要重视学生的需求,尽量满足学生的合理需求,不做"控制型"班主任,让学生有序地动起来,获得更多的锻炼机会,使整个班级班风积极向上、健康发展。

3. 组织多样的班级活动,让学生获得沟通的机会

丰富多彩的班级活动能够让每一个学生参与其中并获得成长,可以丰富学生的校园生活,融洽老师与同学的关系。班级活动的有效组织可以提升班级的凝聚力,促进民主和谐的班风建设,活动的组织中班主任也可以更好地发现每一个学生的兴趣与需求,提升班级管理能力。比如部分学生对艺术、体育感兴

趣,可以组织班级的音乐会或者艺术展览等,让学生在活动中提升自信。比如为迎接学校运动会,可以首先召开"我为班级争光彩"的主题班会,激发学生为了班级的荣誉而战的决心,也让班级中师生间、同学间的关系更加融洽。比如可以利用春季或者秋季社会实践活动中远足活动的组织,让学生形成互帮互助的班级氛围,班主任及时鼓励在远足中表现优异的学生,肯定在远足中当学生遇到困难时能够主动帮助的同学。当个别同学遇到困难时班级内形成互帮互助的小组,班主任只是指导但不完全帮助解决,这样的沟通方式更能激发学生解决困难的欲望,也能让班级中助人为乐之风盛行。

美国心理学家威廉·詹姆斯说:"人性最深刻的原则就是希望得到别人的赏识。"这种信任和赏识,能促进他们形成良好的道德品质,促进班级的和谐。因而,教师不能做处处掌控班级的班主任。班级管理放权于学生是班主任管理班级,促进学生全面发展的有效手段。

【拓展延伸】
师生沟通和谐融洽小技巧

1. 师生沟通时对学生称呼可以多样

称呼是人际关系的起点,是师生关系状况的反映,也是师德修养的表现。使用学生感兴趣的称呼,可以增进师生感情,密切师生交往,提高教育效果。有经验的班主任在与学生沟通时为了拉近师生之间的距离,其实可以不直呼其名,比如去掉姓氏,直接喊名。如果姓名是两个字,可以叠音其"名",这样让学生有一种亲切感。或者用一些能体现学生优点特长的小绰号,比如"小书法家""小书虫""小智多星"等,让学生在师生交往中表现出交往的自信。

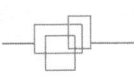

2. 师生沟通时多讲讲与学生同龄者的成功或者失败的故事

学生的成长是一个过程,是逐渐成熟的过程。任何人都是在成长的过程中形成正确的世界观、人生观、价值观,也一定会在成长中发生过各种各样的故事,这也包括教师在内。班主任可以在沟通时,从自己的生活中提取有意义的故事讲给学生听。讲述自己经历时可以用"你应该……不过呢,老师其实也曾犯下这样一个错误……"的讲述方式,让学生感受到一种亲切感,拉近与学生之间的距离,学生更容易接受老师给予的指导。

3. 师生沟通时千万不要喋喋不休,给学生传递信息要做到简明扼要

师生沟通常见的样态是教师指出问题,学生改正。多数情况下班主任占据沟通的主动权,师生沟通的时间设定基本都是二八开,如果是 10 分钟的沟通,班主任占比多数是 8 分钟,而学生只有 2 分钟的表达时间,学生没有得到充分表达的机会。所以师生沟通时要掌握的原则,一是让学生充分表达。10 分钟的谈话,最好学生表达的时间为 6 分钟,班主任教育时间为 4 分钟。二是班主任要注意传递信息唯一性,要让自己所传达的信息控制在 20 个字以内,这将有助于我们最大限度地提炼自己想要表达的内容。比如要求学生整理物品,提炼关键句"整理物品就是在提高学习有效性",比讲述无序的整理物品的现象带来的危害对人生的影响等更容易让学生入耳入心。尤其是师生沟通中,当学生正在进行深入思考时,请别说话;当学生沉默不语时,也不能喋喋不休,否则沟通效果不明显。

第三节　心态与沟通需要互惠

做好班主任，首先要成为一个好的情绪管理者。心理学上有一个经典的"十二秒效应"，讲述的是人被某件事情引发产生暴怒情绪的时间是 12 秒，过了这个时间段，人会很快恢复到平静状态。作为班主任，面对学生的不良行为、课堂冲突等，如果不能很好控制自己的情绪，可能就会让师生沟通陷入被动。所以班主任拥有稳定的情绪状态是师生有效沟通的前提，情绪稳定才能抓住教育契机。

师生沟通，班主任一定注意倾听、表达和积极回应，善于挖掘学生身上的闪光点。处理问题时不要有固化思维，对于行为表现不良的学生不要"贴标签"，在与此类学生沟通时要保持情绪稳定，不能只是指责批评与训诫，要从学生的错误中找到教育点，施以策略，加以引导。对于一些突发状况的师生沟通，如处理的时候不能做到共情与同理，沟通的策略不科学，没有从根本上通过沟通找出问题的所在，往往也会导致师生沟通的效果不佳。

一、教育契机

当前教育中有不少问题都是源于班主任对学生行为背后原因的认知的缺乏，不能在各种师生沟通中保持平和的心态，不能选择合适的教育方法。师生沟通要学会抓住教育契机，教育契机的科学运用会达到事半功倍的效果。作为班主任，对教育行为不良的学生可以采用以静制动的策略，能够恰当控制自己的

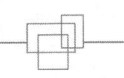

情绪,抓住学生的闪光点进行教育,因为正面的强化比负面的批评更有效果。多尝试使用肯定、表扬、激励的方式,给学生以信任与尊重。

作为班主任,要明白发现问题是解决问题的前提,要时刻做一个教育的有心人,时刻找到学生身上可以利用的资源,与学生进行有效沟通,用智慧打开学生的心灵,在恰当的时间做出恰当的选择和恰当的行为,发挥沟通的效力。

【情境案例】

小王同学一向脾气暴躁,他有三不开心领域,别人触碰不得。"别人不能说他,别人不能打他,别人不能冤枉他",只要有人触犯他的红线,他就会暴起,在班级大发脾气,势必要把班级闹个天翻地覆,泄掉心中恶气。班主任曾使用换位思考和与家长沟通等多种方式尝试转变他,但是都以失败告终,小王同学似乎已经成了油水不进的学生。小王同学像个刺猬一样到处扎人,谁让他不开心,他就让谁不开心。有时候,明明是他先打别人的,但是他不管,只要别人打他,他也同样生气,势必报复回来。

一次,小王同学与A同学产生冲突,是因为A同学把B同学的书扔地上却不承认,还冤枉是小王同学的错。于是小王同学攥起拳头想要找对方拼命,嘴里嚷嚷着:"一定要让他长长教训。"

【案例分析】

首先,小王同学存在的问题跟家中老人的宠溺有关。经过多方了解,小王同学的暴躁脾气与家庭成长环境密不可分。小王小时候是在农村跟着爷爷奶奶长大的。因为小王同学是三代单传,所以全家人对他比较宠爱,一切以小王同学为中心,生怕

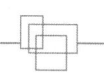

他受到任何伤害,对他的需求是有求必应。

其次,小王同学的父母缺少对他儿时的陪伴。7岁后,小王同学回到城里上学,他的父母试图对他进行教育,但是发现小王此时就像一匹难以驯服的小马驹,不服管教,一意孤行。在父母的多次语言教育下,他仍然我行我素,于是小王同学父母经常暴躁地采用武力方式教训他。虽然这样的管教方式让小王暂时有所收敛,但是在小王同学父母暴躁与暴力的教育方式下,小王同学在学校也开始学着暴躁与暴力地面对所有人,包括老师和同学。他经常在与同学发生矛盾时就打同学。在家里承受的一切,他都有样学样地在学校展现出来。

最后,班主任处理问题的方法简单粗暴。当班主任觉得所有的教育方式都用尽却无力改变时,也开始采用简单粗暴的解决方式。只要小王同学发生错误,班主任就会批评教育。小王必定不会服从,经常顶撞,于是师生经常出现矛盾。

【学生有话说】

每个人都有自己的底线,我也有我的底线,任何人不能触犯。人不犯我,我不犯人;人若犯我,我必反击。我爸就是这样对待我的,我觉得挺有用,他现在一说打我,我就害怕,不敢再做什么动作了。我要把犯我的人也打倒,这样就没有人欺负我了。老师批评我也不管用,因为弱肉强食是社会的生存法则。

【方法策略】

1. 接受情绪,耐心引导

学生作为正在成长中的人,经常出现情绪不能控制的情况,这是正常的事情。作为成人,也作为教师,理应接受学生的一切情绪,并能稳定自己的情绪,对学生起榜样示范作用。以刚对

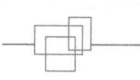

刚,结局只有两败俱伤,以柔克刚,方能笑到最后。此时班主任的耐心就显得尤为重要,这将直接决定事情的走向。场面不可控之时,班主任要理解,也要控制情绪,在心中默数十个数,如果还不够冷静,可以数一百个数。冷静下来之后,要仔细分析当时的情况,耐心引导,转"危"为"机",达到教育的目的。

情境中小王同学"以自我为中心"的思想根深蒂固,在关键时期又被父母压抑。班主任在遇到有关小王同学的矛盾时更需要理解和耐心沟通,千万不能在沟通中出现不耐烦的情况,要用言行及时对小王进行安抚,细心地帮助小王理清事情的来龙去脉、对错是非,尽量让小王同学在冷静下来后知道真的错了。班主任千万不能用教师"威权"强行逼迫小王同学认错,那样只会增加小王同学的暴躁情绪。

2. 抓住契机,先跟后带

"人之初,性本善",每个学生的内心深处都是善良的,有些同学只是暂时因为各种原因内心被蒙上了一层灰,只要教育者能帮他掸去浮尘,善良的内心自然会出现。当学生再次出现情绪不可控制时,班主任不如尝试另一种方式:不阻止他,不压抑他,反而顺着他让他"发泄"一次情绪。小王同学想要用拳头打人,作为教师及时制止,并且建议他可以去学校心理咨询室,寻求心育中心老师的帮助让他宣泄情绪。但是班主任千万不要忘记引导他的思想和行为。

"跟"不是口号,而是取得学生的信任,取得信任之后,班主任要开始引导和教育,认真地"带"。在"跟"的过程中,二者是"伙伴"关系,而不是师生的教育者和被教育者的角色。班主任要引导学生能做出正确的判断。

情绪暴躁可导致学生对外界事物或者发生的事情做出不当评价,并引起心跳加速、脸红不止等生理变化,最后可能引发动

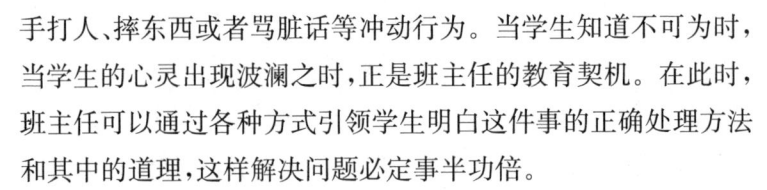

手打人、摔东西或者骂脏话等冲动行为。当学生知道不可为时，当学生的心灵出现波澜之时，正是班主任的教育契机。在此时，班主任可以通过各种方式引领学生明白这件事的正确处理方法和其中的道理，这样解决问题必定事半功倍。

3. 相互约定，定下规则

每位学生的内心都是渴望肯定、表扬、鼓励的。情绪不能自控的学生往往是用暴躁为自己穿了件坚硬的铠甲，但是内心的善良和向上仍然存在。借此教育契机，班主任可以趁机与学生定下规则，约定行为。第一，尽量控制自己的情绪，控制不住时，采取合理的方式发泄。第二，能够控制情绪时，就把它记录下来。第三，两天后，由家长或者班主任查看记录表。学生、家长和班主任共同签字。在记录时，可以记录学生暴躁的次数，随着时间的转变逐渐减少，也可以记录控制暴躁情绪的次数，随着时间的转变应该逐渐变多。通过行为塑造法，记录学生好的表现，对学生进行正向引导，不断强化，从而控制情绪。

因为很多孩子的情绪管理方式都是来源于家庭，因此班主任一定要与学生家长保持沟通，尝试转变家长的教育方式，不能造成 5＋2＝0 的场面。家校本就是目标一致，齐心促进孩子的成长和进步，只要是对孩子好的事情就应该去做。家长也应该做好榜样作用，用耐心不断引导孩子成长，而不是暴力地用拳头解决。在家校的共同努力下，学生的善心会慢慢被激发。班主任可以把学生控制情绪记录表格的情况反馈给家长，让家长能看到孩子的努力和变化。同时，也希望家长要多点耐心，并且控制自己的情绪，实在控制不住，可以采用运动、画画等方式，要给孩子做好榜样。

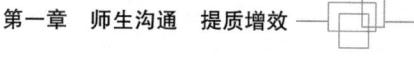

二、积极回应

班主任是学生成长道路上的引路人,除了需要掌握扎实的教学知识和技能以外,还必须具有敏锐的洞察力,去发现学生在学习交往中遇到的问题。在师生交往中,班主任的积极回应就是在师生沟通中教师对待学生学习、心理等方面遇到的困扰能够使用带有鼓励性、欣赏性、认同性的回应,不能一味地批评、否定学生,而是要对学生存在的问题积极地采取措施,在学生需要支持帮助时,及时施以解决的策略。班主任充分尊重学生的年龄和认知特点,试着从学生的角度全面地考量问题。多进行一对一的促膝交谈,循循善诱,深入根本,与学生开展推心置腹的谈话,让学生逐渐敞开心扉,把内心真实的想法表达出来。在谈话中无论学生说了什么,班主任不要立即下结论简单否定,而要尊重学生表达想法的权利,让学生深切感受到教师的理解包容,建构安全的沟通情境,使学生有倾诉的欲望,让学生知道,他遇到的困扰难题,老师都能够积极回应并且一起寻求解决的策略。

【情境案例】

有一天,班长告诉班主任,小林对他说:"你有过自杀的念头吗?我就有过。我经常感觉自己好孤独,感觉自己得了抑郁症。"

放学后班主任把小林单独留了下来,让他坐在班主任的对面。聊了一会儿之后,班主任对他说:"老师听说你经常感到很孤独,曾经有过自杀的想法,听到这个消息老师很担心、很心疼。担心的是老师和同学给你带来这么不好的感受,甚至产生了自杀的念头。我带了你这么久,就像自己的孩子一样,你有这样的想法,老师真的很揪心,很难接受。"听班主任这么一说,他"哇"

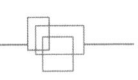

的一声哭了起来，泪如雨下，泣不成声……

【案例分析】

上述情境案例是一个能够运用恰当师生沟通的技巧安抚学生的负面情绪，让学生能够打开心结，排解心中的苦闷，摆脱情绪的困扰从而解决成长中遇到的问题的例子。

首先，作为班主任要有班级问题处理的敏感性。学生遭遇挑战、困境和烦恼时，大多数情况下他们会寻求朋友、家人和老师的支持，研究也证实了学生成长过程中外界的支持有利于学生应对挫败。对于班干部或者其他同学反映的问题，老师能有效甄别，及时采取有效帮扶措施。

其次，作为班主任要有一定的沟通技巧与方法。情境中的班主任先对学生目前的情绪状态表示关心，说"老师听说你经常感到很孤独，曾经有过自杀的想法，听到这个消息老师很担心、很心疼"。这样的共情力更容易让学生产生信任感，愿意表达自己内心的想法。接下来班主任说"我担心的是老师和同学给你带来这么不好的感受，甚至产生了自杀的念头"，是在尝试寻根溯源，找到学生产生不良情绪的根源。因为学生说到他感觉到很孤独，这种孤独可能就是与同学和老师相处遇到了困难，同学和老师没有让他在班级中享受温暖的氛围。这也让学生真切体会到无论遇到多大的困难，老师都会站在他身边，都会陪伴他。

最后，作为班主任要选择恰当的情境与时机。情境中的老师听说小林的情况后选择了放学，当其他同学都离开以后，而且交谈时能够选择面对面地坐着交谈，在与学生沟通时，独立安静的空间更容易让学生产生安全感，这些都更利于学生敞开心扉表达自己内心真实的想法。班主任创设的沟通情境也是温馨和谐的，跟学生强调"你遇到这样的困扰，我理解你，请不要害怕"，

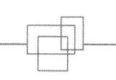

"我是把你和我自己一样的孩子关心的,你的难过我也揪心"等,让学生产生一种安全感信任感,更容易让学生表达内心真切的想法,化解不良的情绪。

【学生有话说】

　　我最近压力太大了。学习已经压得我喘不过来气了,最好的朋友竟然在这个时候还想跟我绝交。我怎么这么倒霉,一切都压在我的头上。我究竟是做了什么错事,上天要这么惩罚我。回到家,我本想跟父母说最近我想休息会,能不能请两天假。结果是,我话还没说出口,他们就说让我"学习、学习",它就像一道紧箍咒一样紧紧套在我头上。我还能找谁呢?身边没有一个朋友,生活的压力压得我又喘不过气,也许死了,一切就都解脱了。

【方法策略】

　　师生沟通中,班主任可以从以下几个方面努力做到学生求助时积极回应。

　　1. 沟通时尝试说"没关系,我想先听听你的想法"

　　仔细回想,在教师的学生时代,教师最喜欢和什么样的老师靠近?会对喜欢、鼓励、肯定自己的师长记忆深刻。学生的成长是一个自我意识不断发展的过程,他人的肯定会协助他们建立自信,学生很期待有师长能看见他们的努力与进步,所以总是喜欢称赞学生、寻找学生闪光点的老师,他的沟通更畅通、有效。

　　随着学生身心发展不断成熟,师生沟通中班主任在使用鼓励的方法时要将鼓励的内容具体化,不可过于空泛,要让鼓励的内容更有针对性。如学生努力地完成一份精美的实践作业,要精准地告知他这份作业令老师欣赏的地方,可以是具有创意的想法或是最优化的排版等,学生会真切地感受到老师在用心观察自己的表现，也会对自己这方面的才能更有自信。当沟通的目的是对学生错误行为进行矫正，或者是对学生成长中遇到的问题进行疏导，班主任更要尝试寻找和学生的共同语言，师生沟通要本着解决问题的态度，找到问题中双方可以进行探讨的契合点。若师生都坚持自己的观点，师生双方都只站在自己的立场看事情，往往双方都会感到挫败，无法理解为何对方无法了解自己。

而当与犯错误的学生进行沟通时，不少教师会严厉批评指出学生的错误，此时最好先站在学生的立场思考，了解学生行为背后的动机，可以避免误解或危机产生。学生有需求但却说不出口时，教师愿意多了解，甚至主动先说出学生内心感受，学生就会感觉被理解，如此能拉近师生距离，使彼此关系更亲。这时要用鼓励式的语言让学生说出行为背后的动机和内心的想法，而不是急于输出教师的观点，以至于把沟通的方式窄化为简单的说服教育，一时有用，但治标不治本。

2. 沟通时班主任要尝试忘记自己的教师身份

学生难免遇到成长中的困惑，若班主任能提供对他们有帮助的解决办法，能增加学生对老师的信任程度，能让学生安心，有安全感；但老师的展现一定不能是权威式的下达指令，这样会使教育中教师的权威性容易形成刻板印象。和学生谈话时，如果班主任先进行说教，学生心里必然紧张、焦虑、担心，也很难有良好的心境表达自己。因此，在师生对话开展前，甚至师生对话进行中，班主任要学会克制自己的表达欲望，多让学生表达，明确问题是什么，这样才能让师生沟通更有价值，从而让指向有效沟通的师生对话成为可能。每一次师生对话，班主任切不可急于求成，主导沟通，不要期望一次性解决所有问题。

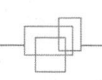

3. 沟通时适时运用"我们"的沟通技巧

班主任在与学生沟通时要尝试多使用"我们""我很担心你""我很理解你"这样的话语，让学生感受到老师是和自己站在同一阵线与同一立场的。比如学生情绪状态低迷，可以说："最近有发生什么事吗？愿不愿意说说，我们一起来想办法。"让学生放下戒备，呈现最原始情绪时，班主任再表达"我们是一起的，我们可以一起来面对这件事情"，要用眼神、表情、肢体和声音的变化去告诉学生"我很愿意听你说话"。对学生来讲，他会很愿意跟老师沟通，如果能再加上同理心，那学生对老师的信任感及安全感会有所增加，学生会比较容易听进去。当与犯错误的学生进行沟通时，此时不妨先站在学生的立场思考，可以尝试这样说："没关系，我们一起面对解决，不要害怕。""你刚才一定是冲动的行为，我和你的妈妈我们都愿意帮你，你说一说你的想法，我们才知道怎么帮你，和我们聊一聊？"通过这样的方式可以了解学生行为背后的动机，可以避免误解或危机产生。当学生有需求但却说不出口时，班主任可以主动先说出学生内心感受，学生就会感觉被理解，如此能拉近师生距离，使彼此关系更亲。

4. 师生沟通要多用"当时情况是这样的……"取代"当时你是不是……"

班主任经验丰富了以后，当学生的问题呈现在班主任面前时，班主任已经能够依据经验快速判断学生发生了什么事。但这样的不足是容易形成主观评价，班主任很容易就会指出学生存在的问题，需要改正的方面。这样学生不一定会反驳，但未必按照老师的要求去做，或者明知道老师说的是对的，但内心不愿意听从老师去改正。所以班主任在和学生沟通时，可先只陈述事情的重点："当时你和同学吵架是因为他总是无缘无故地拿你东西没有告诉你吗？"而不是："你和同学吵架，是不是因为你很

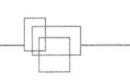

讨厌他?"后者已经多了主观判断,会让学生觉得老师太过主观或偏颇而选择拒绝沟通,这对沟通一点帮助都没有。所以不带着过多的主观评价,尽可能客观描述事件,学生就能够冷静和老师讨论事情及感受。通常能够认真倾听不带太多强烈个人意识的老师,较能让学生愿意多表达自己的想法。

三、科学处理

学校教育并非只是向学生传授知识,而是在传授知识的同时使其形成正确的人生观、价值观。我国社会环境已经发生巨大的变化,我们处于变革的时代,网络上各种信息不断充斥着学生生活的方方面面,许多人的价值观也在不断发生变化,这种变化也在或多或少地影响着当代学生的发展。

师生认知的偏差也是师生沟通一大阻碍,作为班主任,要在充分了解学生思想的同时,对他们进行引导。在班级中建立良好的班风,班级的舆论导向积极乐观。可充分利用集体教育与个别教育相结合的原则,集体教育可以采用班会课、班级活动等,个别教育以沟通交流的方式,善于抓住教育契机,与学生的价值观产生共通共融,从而让师生沟通更有效率。

【情境案例】

为了喜迎党的二十大胜利召开,学校开展了"童心永向党,献礼二十大"唱响红歌活动。当班主任把消息告诉同学们时,教室里炸开了锅:"唉,红歌有什么好唱的,一点儿意思也没有!""红歌太老土了,都是爷爷奶奶唱的,我们为什么要唱?为什么不搞个流行歌会呢?流行歌曲才是我们的菜!"一时间,同学们牢骚不断。

第一章 师生沟通 提质增效

【案例分析】

相信每所学校都会举办类似"红歌合唱""红色主题文艺会演"的活动,这些活动对于增强班级凝聚力,增强对国家认同感,增强学生综合素质有非常大的意义。但是在实际教育教学中,经常出现学生对于此类活动呈现"排斥心理",进而参与活动的积极性不高、态度不佳,甚至和班主任发生冲突。也有的班主任凭借自己的威严"逼迫"学生参加,这样既失去了教育意义,同时也增加了师生矛盾。

在案例中,学生们的反应比较激烈,如果不加以引导,会影响本来就有积极性的同学。对于任何一个集体活动,班主任一定要做好舆论引导,因为对于学生而言,其思想状态极易受到周围人声音的影响。但是也不能忽视班级里不少同学的观点态度。而从班主任的角度来看,这就像是在发牢骚。因此不少班主任会感到生气甚至无奈,进而批评学生或者爆发冲突。

1. 学生对于红歌合唱活动的理解有偏差

案例中学生认为:"红歌太老土了,都是爷爷奶奶唱的,我们为什么要唱?"这句话其实暴露出来很多问题,比如说,"红歌"存在的意义学生不理解,"红歌"一定是老土的歌曲吗,爷爷奶奶唱的为什么我们不能唱,"红歌"合唱是重在曲调还是意义……短短的一句话其实反映出学生的认识偏差,也给班主任提供了可以介入的教育契机。

导致这种现象的原因在于,如今的学生大多为"10后",他们对"红歌"相对陌生。他们的思想意识在成长过程中受到流行音乐和外来音乐的影响,认为后者充满激情,更符合年轻人的身份。因此,他们对"红歌"抱有漠视的态度,认为它是父辈那个年代的"过时音乐"。在他们看来,"红歌"的节奏和旋律平淡无奇,缺乏美感,甚至出现了"红歌无用论"的观点,对红色歌曲持有排

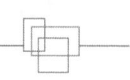

斥心态。在学校活动中,学生们通常以"快餐式""被动式"和"填鸭式"的方式在短时间内学习"红歌",只是抱着完成任务的心态,对旋律仅作粗略掌握,对歌词内容进行机械记忆,却忽视了"红歌"所蕴含的历史故事和精神内涵。因此,学生在学习"红歌"方面的积极性、主动性和能动性都有待进一步挖掘和提高。

2. 舆论环境失控,抵触情绪较大

案例中的"当堂就炸开了锅",这种情况是令所有班主任都十分头疼的一件事,意味着舆论不受控制的同时抵触情绪比较大,所以应当优先解决情绪问题。因为只有班主任关注到学生的内心想法,学生才会从心里接纳教师的教育。解决情绪问题后,针对班级的舆论氛围要及时进行介入,并关注班级"话语权"比较大的学生的思想状态,同时适当加强三观正的学生的"话语权",要让积极向上的思想成为主流。同时也不能忽视任何一位学生的观点,班主任要及时通过班级活动、思想教育进行矫正,帮助他们解决认知上的偏差。学生的牢骚背后是其心理需求,多倾听孩子的心声,会发现一个不一样的孩子。

【学生有话说】

幼稚,真是天大的幼稚,让我们一群现代学生去唱过时的"红歌",真不知道学校是怎么想的。谁愿意唱谁唱,反正我是不唱。要唱就唱流行歌曲,周杰伦、王力宏,谁的歌不好听呀?或者来段嘻哈,哈哈,我太喜欢了。我觉得这种让学生唱"红歌"的行为完全是不顾学生感受的错误行为。

【方法策略】

班级中发生的任何情况都不应被当作问题,而是一个教育的契机。案例中的班主任首先要控制自己的情绪,不能因为学生发发牢骚就大发雷霆或者压制学生的想法。可以按照如下思路解决问题。

1. 畅所欲言，抒发情绪

学生出现大量的"牢骚"，抵触情绪较大时，对于非原则问题，作为班主任不一定非要站在学生的对立面，可以通过"自己人效应"适当地引导学生抒发心中的抵触情绪。

班主任："听了同学们说的，我也深有感触，刚刚小明同学提到的那些'红歌'都太老土了，像《我的中国心》，这首歌可是老师的童年记忆啊，到你们这里却成了老歌了，让我觉得自己突然不再年轻了。不过你们的心情我也能理解，老师上初中的时候也曾经有一次参加'红歌'合唱比赛，那个时候……"此事可以允许学生畅所欲言，但是要注意学生情绪和发言尺度，同时发言时间不要太长。

2. 意见汇总，改日再议

学生有情绪和意见都是正常的，因此要正视所有学生的意见。当学生发言得差不多的时候，教师要及时将同学们的意见进行汇总。单独制作一个PPT，呈现问题汇总的结果，并进行分析。同时搜集不同年代的"红歌"（最好有视频资料、MV、背后故事等），最后要有一段总结性的话语，内容围绕"唱响的红色歌曲既是回忆，也是警醒"。

给学生一定的交流思考的时间，利用班会课时间段再和同学们交流。选择改日再议是因为学生已经有过几天的宣泄、思考了，相对情绪会比较稳定，同时也有部分同学会有新的想法，此时进行教育最佳。

3. 理智思考，多维分析

课前准备结束后，在班会课上和同学们进行交流探讨："（播放PPT）经过昨天的交流讨论，老师很重视同学们的意见，特地制作了一个PPT，大家看一下同学们的意见都在上面，老师也曾经有过和你们一样的想法，我们一起来讨论一下。"

让学生对这些意见进行分析，哪些是合理的，哪些是纯粹为了抒发情绪。此时不用具体表明对错，而是给学生充分思考的空间。

班主任："但是在给大家准备这节课的过程中，老师却有了一些不同的想法，接下来我们来看一下这些我们觉得老土的'红歌'的资料……"

对于"红歌"的认识不足是出现问题的关键，因此要让学生通过歌曲、视频、故事来充分了解"红歌"，感悟"红歌"的旋律和歌词背后的意义。

"看到视频后，大家听到这首歌曲，你有什么感受？"

"我相信同学们现在肯定对于'红歌'有了不同的认识，也会对学校的'红歌'合唱比赛有了不同的看法，那接下来我们再回到刚刚的讨论环节，现在请大家说一说你的新看法。"

对刚刚的讨论进行复盘，此时的学生往往已经有了更成熟的认识，也会逐渐意识到自己原来的认知存在偏差，此时班主任可以对同学们的回答进行点评，并及时进行总结。

"红歌"的形式多种多样，也有很多学生喜欢的歌曲。但是往往学生在情绪激动时对于事物的认识会比较偏激，因此通过抒发情绪、理智思考、多维分析等环节帮助学生突破自身认知局限性，增强思辨能力，进而提高班级凝聚力和师生关系的良性发展。

4. 群策群力，助力成长

在拉近师生心灵距离，纠正认知偏差后，"怎么做"便是接下来要解决的问题。此时班级绝大部分学生已经能够认识到"红歌"比赛的重要性，但是以什么样的形式开展？唱什么歌曲？需要什么舞台效果？则是同学们同样关心的问题。

一个人的力量终归是有限的，就算是老师也同样如此。此时不妨把问题再次交还给学生，由班干部团队牵头，班级"能人异士"参与，所有同学"头脑风暴"，共同来制订班级合唱比赛的方案。或许这个方案并不是很合适，结果也不一定会很好，但是这个过程会让班集体有了一次合作共事的经历，促进每一位学生的团结协作能力。

活动结束之后，班主任在进行总结时，还要将这件事作为一次案例共同探讨，当学生意识到爱抱怨、发牢骚的不良后果后，慢慢就会减少抱怨的次数。但值得注意的是，一定要等学生冷静下来后再给他们讲道理。成长过程中，每位同学都有自己独特的步调，也有他们对待世界独特的方式。在面对学生的一些问题时，不要焦虑，不要心急。用爱去化解，用心去接纳，才是助力他们健康成长的最好方式！

【拓展延伸】

奥利奥式谈话技巧

在学校的师生沟通时比较常见的问题是，学生出现不良行为或者学习上需要改进时，教师应该如何与学生进行沟通。以下是一个沟通情境：学生低着头走进办公室，说他作业今天又忘记带了，两位老师采用的不同的沟通方法。

1. 沟通情境1

学生："对不起，老师，我今天作业又忘记带了。"

教师："这作业到底怎么回事？昨天忘记带，今天又忘记带，这学期都几次了！你到底做没做都是不确定的！学习是你自己的事情，你不能不上心啊，再给你一次机会，再不带，我要联系你的家长了！"

学生：……（我真的做了，为什么不相信我，沮丧地离开。）

2. 沟通情境2

学生："对不起，老师，我今天作业又忘记带了。"

教师："今天又忘记了？虽然今天又忘记带了，但是能来找老师主动承认错误，这一点值得表扬。我们一起来探讨一下，怎么样能够不忘记带作业，这样就能解决这个问题了。"

学生："昨天我作业完成得比较晚，妈妈催我赶紧洗漱睡觉，我就收拾得比较匆忙，这项作业先写完的，就放在最下面，然后收拾时就落下了。"

老师："是的，当作业完成得比较慢，最后收拾得比较匆忙，很正常，但如果每天都忘记带作业肯定还是你的问题。这是个困扰你的问题，你如何改正呢？我们一起想想办法，毕竟做完了，又忘记带了，又不是没有做，对吧？"

学生："我想我写作业速度能快一点，整理书包的时间就比较充足了，这样就不能忘记了！还有我可以每天把写好的作业和记作业本本子对一下，然后再装进去，可能就不会忘记了！"

老师："你看，办法总比困难多，其实老师也可以给你提供一个小妙招，你可以完成一门作业就装进书包一门，这样就更不会把作业混在一起忘记带了！还有你也可以在书桌前面贴一个备忘录，完成作业一抬头就看见备忘提醒了，也是个好方法。"

学生："谢谢老师，您的方法太好了，我今晚回家就开始做。"

同样的事情，不一样处理问题的方式，带来不一样的教育效果。其实师生沟通时我们可以采用"奥利奥"法，就像奥利奥夹心饼干一样，教师把自己希望、建议传达给学生，要包括在表扬、肯定、理解、共情的话语中，作为一个整体传达给学生，这样让学生更容易接受老师的意见和建议，并在行为上有所改变，实际上就是遵循"肯定—建议—指导—表扬"的顺序，这种方式不存在负面表达，不会伤害到学生的自尊心，学生又能接受老师的成长建议，产生改变的动力。

第四节　偶然与必然需要共生

　　师生沟通要想高效面临诸多的挑战，最大的挑战来自师生双方在沟通时，在矛盾的激化阶段，二者都处于情绪不良中。这时需要师生双方均能控制自己的情绪，让师生沟通能够继续进行。学生是处于人生发展成长期的鲜活个体，他们虽然对周围世界有自己的认知和看法，但是心智却不够成熟，对周围事物的看法以及遇到事情处理问题的方式是有一些不足。但班主任作为一个有行为自控能力、思想比较成熟的成年人，要允许学生出现成熟性不足的举动和表现，以更加理性与积极的方式处理师生之间沟通冲突。

　　作为教师，一种不可缺少的专业素质是能够调控自己的情绪和行为。尤其是班主任，更应注意不可把个人情绪带到工作中去。如果一遇到突发的恶性事件就"怒气冲冠"、大发雷霆、失去理智，那样只会使学生产生反感和更大的心理逆反，最终不但达不到教育目的，反而可能造成师生关系紧张，乃至让学生产生对立情绪。因此，面对班级发生的意料之外的事件，班主任应该善于克制自己的情绪，沉着冷静地应对，并尽可能地平复当事人的情绪，为下一步思考问题的解决方法赢得时间。

　　一些偶发事件具有突然性，不可能有事先设计好的处理方案。因此，处变不惊也是班主任不可或缺的心理素质。在处理突发事件时，班主任要善于采用以柔克刚的对策。这样，不仅能调节当事人的情绪，缓解冲突，更因为"柔"本来就是一种很好的教育策略,常用的柔性教育手段有按兵不动、静观其变、暗度陈仓、欲擒故纵、由此及彼、名言效应等。班主任可根据事件的性质和具体情况灵活运用,以善意的批评等方法教育学生。

公正、就事论事,是班主任处理各类事件的基本原则。在问题出现后,班主任首先要充分调查,了解事情的真相,然后以事实为依据,审时度势,化解矛盾。一般说来,班主任在认清事情性质后,应把握好处理尺度。一般的问题,不要随意扩大性质,上纲上线;性质较严重的,如打架斗殴、离校出走等,也不能随便缩小,轻描淡写。而且,无论事件性质如何,班主任都应引导学生通过表象看实质,与学生一起分析错误行为产生的原因和危害,使学生有所悔悟而警惕,这样的教育才有利于学生健康成长。

班级中的突发事件如果必须马上处理,班主任就得及时反应,并很快拿出处置方案,防止事态扩大。比如,一旦发生学生意外受伤事件,班主任要第一时间上报学校,马上送学生去医院救治,同时通知学生家长。如果事件性质比较严重,涉及经济赔偿,则应通过法律途径解决,避免威胁师生人身安全、干扰学校正常教育教学秩序的情况出现。

一、保持幽默

英国学者M.鲍门在《幽默教学一门表演的艺术》中指出:"理想的教师应达到艺术化的教学水平,善于利用幽默来激发学生的兴趣,使学生学得更好。"幽默最基本的特点是笑,能够融洽师生关系,同时幽默也是一种教育智慧,兼具教育性,寓教于乐,是教师自身的人格魅力、知识智慧、灵感修养等的集中体现。学生最喜欢有亲和力、说话有幽默感的教师,校园中经常看到一群

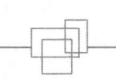

学生一起围在一位他们喜欢的老师身边谈笑风生,师生间其乐融融。当学生在学校犯错误时,教师能够根据当时的实际情况运用教育机智进行幽默化地化解,能让学生感受到来自教师的诚意、理解、包容,能够很快消除学生的敌对情绪,从而采纳老师的建议。教师经常利用合理契机恰当地运用幽默艺术,比直截了当地指出问题更易于让人接受。

【情境案例】

"滚,你又不是我爸!"一声惊雷炸响在班级,同学们惶恐地看着A同学,畏畏缩缩。只见A同学一人站在座位上,将拳头攥得紧紧的,面部憋得通红,随时准备上来跟班主任干上一架。每位男儿的体内都是有血性的,班主任的脾气也一下上来了,拳头在身后随时准备着:干吧,干上一架,让你还挑战我的权威。别人都可以好好排队盛鸡腿,凭什么你不排队就要盛?还拿不吃饭吓唬我,不吃饭拉倒,谁稀罕你。你是个小学生,犯了错我说你几句怎么啦,难道你是老虎的屁股还摸不得了?有错就得说!在这众目睽睽之下,你竟然让我滚,如果我滚了,其他学生怎么看我,这个班级我才接手,其他学生我还怎么教育。一时间,班主任心里有了千万种想法,怒气值也在不断增高。应激情况之下,班主任也不知道怎么办才好。好在班主任突然灵机一动,借学生谈话顺坡而下:"对呀,我的确不是你爸。"并用鸡翅的美味诱惑他,巧然化解尴尬。

【案例分析】

冲动是人之常情,尤其对于小学生来说。小学生本就处于行为、情绪、三观的成长期,偶尔出现不受控制,不能三思而后行的情况实属正常。A同学一贯比较温和,今天忽然出现情绪波

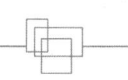

动较大的情况,是因为他对鸡腿的渴望过于强烈,以至于出现突发情况。

今天的他由于吃饭较慢,又太过于急切,看到桶里只剩不多的鸡腿了,恐怕自己不能再加一个,于是动起了歪主意,插队向前。这种不合适的行为被班主任发现后,强行勒令退后。A 同学以为自己吃不到鸡腿了,于是与班主任发生了争吵。

本是一次正常的师生矛盾,能理解学生的情绪,但这是发生在班级里的应激事件,处理不好有可能引起学生的另眼相看,还涉及新班主任的威信建立。班主任一时不知道怎么办才能既安抚 X 的情绪,又能博得同学们的信任。

【学生有话说】

我就是想吃个鸡腿怎么了?怎么就这么难?他们刚才不也吃到了吗,为什么我不能吃?老师是谁呢,凭什么管我,我才不听他的,我今天就要吃鸡腿,我看谁能拦得住我。不行的话,我就跟老师大吵一架,谁怕谁,在家吃肉有人管,在学校吃肉也有人管,烦死了!

【方法策略】

1. 理解情绪,不动怒火

曾任美国总统的托马斯·杰弗逊临终时给他的孙子留下了"日常生活十诫"的遗言,其中之一是:"当你气恼时,先数到十,然后再说话。假如怒火中烧,那就数到一百。"是呀,只有冷静地对待事情,才会有好的方法。试想,如果班主任的怒气值得不到控制,那会是什么结果?一种可能是,教师会在全班面前将学生狠狠训斥一顿,学生估计也是有气难消。于是,全班学生看着一对师生在班级争吵,吵得脸红脖子粗的场景。当然,也可以理解

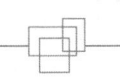

为一个成人和一位学生因为鸡腿产生的剧烈冲突。回家后,班级的学生会向家长一一述说这场闹剧。另一种可能,是教师狠狠地批评,学生认识到自己的错误了,但只是屈服。全班学生将会见识到一个暴躁、爱批评学生的教师。所以,班主任要学会控制自己情绪,避免出现不可挽回的后果。

2. 发挥智慧,巧借幽默

幽默是一位教师必备的品质,它经常能化解不必要的尴尬之处,让彼此走出困境,令很多情况迎刃而解,且能让彼此都愉悦,从而拉近师生关系,凸显班主任的教育机智和人格魅力。面对学生的不理智行为,班主任要善于使用教育智慧,根据旁边的环境或者学生的话语利用幽默巧然化解。学生大喊:"你不是我爸。"这不就是教师需要发挥教育机智的地方吗?学生说的本就是实话,因此教师就可在此处下手:"对呀,我确实不是你爸,我是你老师呀。"最好的幽默,就来自最自然的语言。班主任要善于用幽默吸引学生,并用幽默作为自己与学生拉近关系的灵丹妙药。案例中的班主任就可以抓住学生语言巧用幽默语言,也抓住学生爱吃鸡腿的特点,故意渲染鸡腿的美味,从而引导学生放下怒气,转而继续盛鸡腿、吃鸡腿。一场有可能的扩大化矛盾就这样悄然消失了,这完全来源于班主任的淡定和幽默的智慧。学生内心善良本无恶意,也不想故意做什么坏事,班主任要善于抓住学生的需求,巧妙借力。

当然,班主任的幽默不是与生俱来的,可以通过适当的培训,促进班主任形成幽默的风格。每个人是不同的,对幽默的理解也是不同的。看似是幽默,实则是内心对学生的爱和尊重,对师生交往活动的充分理解,也表现出了教育机智。

3. 私下沟通,化解矛盾

班级中各种偶发事件的出现是班级管理中的常态,有时是

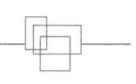

同学和同学之间的,有时是老师和同学之间的,这一切都在考验着班主任的教育智慧和专业能力。处置妥当尚好,但是若处理不当,也有可能酿成无法挽回的后果。为了避免矛盾扩大化,班主任要事先了解每位学生的个人情况和家庭情况,才能对突发事件的发生做好心理准备,了解每位学生可能在何处出现突发情况。在应激情况发生时,班主任要保持冷静,善用幽默巧妙处理。在事后,班主任也要找学生多沟通多了解,互相倾听彼此的想法,了解学生的心理动态,及时将矛盾扼杀在萌芽阶段,不能任由师生矛盾继续扩大下去。

4. 集体教育,出谋划策

怎么样能够避免应激情况的发生?怎么样能够避免应激情况导致矛盾扩大化?班主任不如利用班会等时间征询学生的意见,彼此开诚布公地说一说内心想法,让学生出谋划策。学生参与班级的民主管理后形成的班规更易于被学生接受,被学生遵守。为了实现和谐班级的建设,班主任要尊重学生,懂得调动所有学生的智慧,形成突发事件处理制度。以后一旦发生突发事件,可以依据该制度执行,这样能最大限度地避免事件扩大化。当然,一位幽默的班主任必然能使这些不良影响化为无形。

二、学会共情

"同理心"是指能设身处地地理解他人的情绪,切身地体会身边人的处境与感受,并适切地回应其需要。师生沟通中,作为班主任承担的是教书育人的责任,容易站在道德制高点教育学生,充当学生成长导师的角色,急于进行说教,缺少对学生内心真实的想法的了解,不能站在学生的角度了解学生的行为动机。

师生沟通中更多的要求教师要有同理心,从学生的视角审

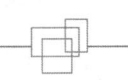

视沟通的事件。

首先,班主任要尝试接受学生的观点,需要班主任能把自己的观点论断暂时中断并且接收学生的意见。其次,作为班主任,师生沟通中要能够走进学生的内心,尝试体验相同的感受,了解沟通情境中学生的心境是害怕、恐惧、悲伤、喜乐等,班主任尝试把自己放入学生此刻的情绪状态中,更有利于做到共情,解决沟通中遇到的问题。最后,作为班主任,要能做到沟通中真正关心学生,需要站在学生的立场上考虑问题,对学生有情感上的支持。

但在实际师生沟通中,要能正确区分同理心与同情心。同情心是班主任站在自己的角度考虑学生的处境产生的同情,班主任的感受是把自己放进学生的喜怒哀乐中,而同理是能够站在学生的角度考虑问题,这些喜怒哀乐此刻变成了班主任自己的真实体验,为别人感受喜怒哀乐和与学生一起感受喜怒哀乐是同情心与同理心的区别之一。

【情境案例】

小林是初中一年级学生,学习非常勤奋努力。因为动作不协调,他做广播操时显得很特别,虽然同学们不在意,但是他总觉得别人在笑话他。所以他平时不喜欢与同学交流,而是发奋学习,希望每次都考第一,以此赢得同学们的认可。这一次他没有考到第一名,就无法原谅自己,竟然用铅笔不断戳自己的手。

【案例分析】

如果一位班主任得知一名学生在班级里用铅笔戳自己的手,那么一定会非常紧张,因为这不仅涉及学生的人身安全,还很有可能引发一系列心理健康方面的问题。如果处理不及时,不仅仅会让小林的偏执行为越来越严重,同时也会给其他同学造成心理阴影。

案例中有三个地方特别值得我们注意:一是小林本身动作不协调,做广播操比较特别;二是小林总觉得别人在笑话他;三是小林考不到第一名就无法原谅自己。这三个原因导致了小林最后用极端的手段惩罚自己。这看似是一次偶然的事件,其实是小林在不能接纳自己的性格特征中越走越远的必然结果。

1. 不能接纳自己,感到自卑

为什么小林会觉得同学们都在笑话他呢?一方面是因为他本身动作不协调,做广播体操的表现不佳。另一方面,他可能在平时的学习生活中缺少展示自己的舞台。抑或家庭的亲戚朋友也没有鼓励和支持,进而产生了自卑心理。适度的自卑可以使学生更加努力上进,但是小林可能陷入了过度自卑的问题中。这主要有如下几种表现。

表现一:过度在意他人的评价。心理学家荣格曾说:"对普通人来说,一生最重要的功课就是学会接受自己。"当学生无法接纳自己的时候,他只有向外寻找存在感和价值感,一旦发现别人对自己印象不好,便开始自我攻击,认为自己很糟糕。自卑,有时候就是一种自己讨厌自己的情绪。

表现二:习惯性逃避,经常说"我不行"。虽然在本案例中没有直接体现出来,但是有一句话暗示了这个问题,"平时不喜欢与同学交流",那么对于集体活动他可能也不会参加,或者对于自己不擅长的项目也会"逃避"。这种表现就像是在自我设限,拒绝了所有的尝试,他认定自己不够好,为了避免最后失败,干脆不做任何尝试。小林的自卑,也时常表现为对自我能力的怀疑。他们碰到困难容易放弃,只愿意做简单的事情,有些挑战完全是自己可以尝试的,却常常把"我不会""我不行""我肯定做不

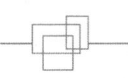

好"等挂在嘴边。相比起没有能力,是学生不相信自己有能力。

表现三:无法接受失败,过分追求表扬。自卑的表现形式多种多样,不一定唯唯诺诺、看轻自己才是自卑。争强好胜的表现,恰恰反映了学生爱比较的心态,而自卑往往就源于比较。这种竞争意识和过度追求认可的行为,实际上揭示了其内心深处对于与他人比较的重视,自卑感往往源于这种比较心理。学生潜意识中认为自己必须保持不败之地,才能赢得他人的尊重和喜爱。他们害怕失败,更害怕因此失去来自周围环境的爱与认可。

这种情绪的形成与父母的教育和引导方式密切相关。父母应当关注孩子的心理健康,帮助他们建立正确的自我认知和价值观,鼓励他们面对挑战,并从失败中学习成长。通过培养孩子的自信心和抗挫能力,可以帮助他们克服自卑情绪,更加健康地成长。

2. 缺少发自内心的关爱,无法正确宣泄情绪

案例中如此危险的宣泄方式,不会是第一次发生了,这一定是长期压抑心中情感的结果。如果有人能在他做操时拍拍他的肩膀说"没什么",如果有人能主动拉着小林一起参与活动,如果有人能够在小林考试失利的时候多给予他鼓励,那么他心中的压抑已久的情绪或许会消散。

【学生有话说】

你看,他们又在笑我了。他们在一起交头接耳,低语着什么,时不时往我这边指指。我知道,他们看不起我,嫌弃我动作不协调,给班级拖后腿。我要证明我自己,我不比任何人弱,我要让所有人都仰慕我,我唯一能做的就是在学习上努力拿到第一。第一,我永远都是第一。可是,这次为什么没有第一呢?哪里出错

了呢？他们肯定又要笑我了，说我动作不协调，成绩也不行。

【方法策略】

期待认可是前进的动力，过度期待则是痛苦的根源。在小林的生活中，获得认可的维度比较单一，并且内心较为敏感，在情绪宣泄的方式上存在较大问题。为了帮助小林走出心理困境，班主任可以找出很多方法和策略。

1. 理解共情，肯定鼓励

在听说小林在教室用铅笔伤害自己时，班主任要第一时间赶到现场，同时将小林带到办公室交谈，避免给其他同学造成恐慌。

"小林同学，你的手伤成这样了，一定很疼吧，我们先去包扎一下，我想这个世界上没有任何东西能比你的健康更重要了。"

"其实看着你这双手，大家听到你受伤了都急忙来找我，老师非常心疼，你一直是我心中最优秀的孩子，你这样伤害自己是不是有什么苦衷？可以和老师说一说吗？"

2. 追根溯源，走进内心

小林既然平时很少和同学交流，大概率也不太会和老师倾诉自己的内心。但想要帮助小林真正解决此事，对于小林过往经历和内心想法的了解尤为重要。

为了掌握学生的思想动向和内心想法，班主任可借助时光信箱和树洞记录本。

时光信箱是用来储存学生写给未来自己的一封信以及学生家长的家书的。在学生发生情绪低落或者需要鼓励的时候拿出来可以很好地帮助学生走出困境，这种跨越时间的力量能够让学生感受到自己被关注和认可。

每天利用树洞记录本和学生进行交流，其中主要是进行鼓励和提出期望。

班主任:"小林同学,我昨天整理我们班级的时光信箱,发现有一封你爸爸委托我转交给你的信,转交的时候还特意叮嘱我:'老师,小林是我们最宝贝的孩子,进入初中以后总感觉他不太愿意和我们交流了,但是我想,如果小林碰到困难没人可以倾诉,那该有多难过啊! 所以老师麻烦您在小林遇到困难的时候帮我转交给他。'"

"原谅老师的冒昧,我想你此刻正是需要这封信的时候,如果你有任何需要,可以写在信里,或者和老师说一说,我们都会是你最坚强的后盾。"

3. 理智分析,自我接纳

如果能够顺利了解小林内心的真实想法,那么解决问题可以说是已经成功了一半。因为对于长期压抑自己内心情绪的学生来说,说出来就已经是一种宣泄了。后续应当从以下几个方面帮助小林渡过难关。

首先,理智分析现状,正确对待评价。"一次考试不代表什么,你的实力一直是非常值得肯定的,即使这一次考试失利,那也正好给你留下了进步空间,不是吗?"

"我私底下也和同学们交流了,其实大家心里都非常佩服你,认为你精益求精、一丝不苟的精神深深地影响了这个班级,在他们心中你也是班级的一面旗帜。但是你认为同学们都在笑话你,其实我们每天都会面对来自他人的评价,有善意的、中肯的,也有恶意的中伤和诋毁。任何人无法避免被人'指指点点',能做的是怎么看待这些评价。"

"评价是符合事实的、客观的,我们可以努力改正或者再接再厉;对于恶意、不负责任的评价,你可以选择说出'不',或者不用理会。只有自己认可了自我的价值,才能不活在别人的眼光下。你要相信你自己,别人才会相信你。"

其次,合理归因,培养学生的成长型思维。"我们可以回过头分析这张试卷,上面的一些错误也反映了问题,其实同样的题目,班级里不少人有着更巧妙的方法,如果你能积极和同学交流,或许能够有不一样的思路,更有助于你的进步。"

"你可以看看最后一题,你虽然还没做出来,但是——快了!"

"你的广播体操也帮助班级获得了评比的优秀奖!你也是这个集体中优秀的一员。"

这些话给学生的暗示就是,我们面对挑战,能力不足的状态只是暂时的,现状和目标之间,有一条可以努力的路,那就是坚持。也就是说,困难只是暂时的,挫折可以归因为一个暂时的、特定的原因,而不是"我天生就不行"。这种思维模式就是我们常说的成长型思维,让学生用更乐观的态度去看待挫折。

再次,要让小林感受到输了也可以被爱。班主任不仅仅要及时对小林同学进行心理疏导,还要积极走进学生家庭、交友圈子等。通过了解学生父母的教育观念和沟通方式来进一步确定小林的心理辅导方式。

"小林爸爸你好,这次想和您交流小林的最近状况,想必家长也发现了孩子最近心情比较低落,建议您关注孩子的其他优点,多支持鼓励孩子。"

如果家长对孩子的问题并不是特别上心,或者没有认识到这件事情的严重性,那么此时班主任要在和家长交流的过程中将后果前置。

"小林今天在班级用铅笔伤害自己的手,家长在家里有发现类似的事情吗?平时孩子缺少和别人交流,因此我们更要重视孩子的情绪,不然的话,这一次是铅笔戳手,下一次呢?如果哪一天造成了不可挽回的后果,这是我们都不想看到的。"

4. 融入集体，合理宣泄

班主任不仅仅是要帮助小林，同时也要帮助集体在这件事情上成长。因为每个集体里都会有人开心，有人失落；有人成功，有人失败。作为集体的一分子要想帮助这个集体和谐稳定地成长，我们也要学会接纳他人。

首先，召开集体班会。但是绝对不能在题目中出现"自卑""认可"等字样。如以"克服自卑，战胜自我"这样的主题来说，看起来像是在辅导学生，其实是让学生感受到自己确实自卑，班会课中稍有不慎还会让敏感的学生更自卑。主题班会可以以颜色变化为替代表述，比如《从"雾霾蓝"走向"曙光橙"》，班会重点在于寻找他人优点，并且班主任要及时把握发言过程，观察学生情绪变化。

其次，组织集体活动。既然小林平时的动作不太协调，那么可以避开这一特点。围绕小林特长来举办一系列活动，增强小林参与感、自豪感，进而产生荣誉感、归属感。可以围绕学科特长开展学科融合活动，例如通过设立"立杆测影"，学生了解了节气与影长变化的关系。创设劳动实践基地，学生在其中进行实践体验，从而感知时令节气中植物的变化，并且做好记录。根据节气来体验农耕，从而对动植物的生存以及生长变化的条件及其对环境的适应性进行深刻感知。将惊蛰吃梨、夏至喝绿豆粥、冬至吃饺子等融入活动之中，使学生能够根据节气调节饮食，做好保养，促进身体健康。将清明放风筝等活动渗透到美术等艺术领域，进行手工制作，发展学生的想象力、创造力等。其余学科的融合也可以适当开展（如下表）。

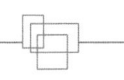

不同学科开展的集体劳动

语文	耕读文化解读、田园劳动诗词鉴赏
历史	劳动工具与劳动方式的历史发展
道德与法治	学习劳模精神、劳动中的经济学
艺术	劳动歌曲传唱、田间绘画写真、劳动与舞蹈艺术展现
物理	农作机械构造原理、植物生长环境温度和湿度测定
化学	化肥的制作和使用
数学	耕种收获比例研究、了解农产品价格变化趋势
地理	气候形成原因、农业气候分析、土壤质量监测
生物	生物育种、种养技术指导
体育	不同劳动形式肌肉群的参与情况

三、课堂冲突

师生沟通中不可避免会产生冲突,时常会令班主任感到措手不及,尤其是在课堂上发生师生冲突,班主任一方面必须尽快化解冲突,另一方面又要兼顾课堂上其他学生的学习过程的持续。这时需要班主任有一定的教育机智与策略科学处理,让课堂冲突的影响尽量最小化。

面对课堂冲突,正面的交锋一定会带来的是两败俱伤,往往是会使事态进一步扩大,不利于解决师生冲突。作为班主任,首先必须冷静下来,从课堂冲突的情境中尽快抽离出来,平复好自己的情绪,才能做出理智的决定,处理好冲突。在解决问题时,班主任要注意进行交流时的技巧与态度,多采用疏导的策略,及时阻止学生不理智的行为,安抚学生激动的情绪,力求解开学生的心结,这样与学生的真诚交流才会有效果。

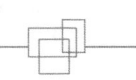

【情境案例】

小文一直是班上成绩最好的学生。在老师和家长眼里,小文是考重点大学的苗子。可是进入高二以后,小文不再像以前那么热心开朗了。一天,班主任发现他竟然在上课的时候看魔幻小说。班主任严厉地斥责了他。可没想到的是,小文对班主任吼道:"都是因为你,是你对我的期望,让我喘不过气,只有看小说时,我才是快乐的!"

【案例分析】

首先,学习环境的改变,学生需要一个适应的过程。高中的学生经历了高一时期初入高中的新鲜感期,感受到与初中不同的学习内容、校园环境、同学关系、学习氛围。随着周围学习环境的改变,越来越多各方面优秀的学生走到一起,可能以前很容易完成的学习任务,现在要花费更多努力才能完成;以前很容易得到的荣誉,现在不一定是自己的;以前时刻被关注的自己,现在可能也会被忽略。

其次,是学习带来的挫败感。高中的学生都是经历过中考过来的,可以说是各个学校的精英,原来的优秀者在高中的环境下可能不再耀眼。高中因为学习内容难度的加大,一些原本在初中优秀的学生对学习感到困难,可能还比不上原来初中成绩不如自己的同学,从而导致心理落差,进而有些学生开始自暴自弃,对学习失去兴趣。

最后,是学习心态的改变,不良情绪的排解。同学们都有着较重的学习压力,彼此交往时间本身较少,所以有时反而容易与教师发生冲突。进入高中后,很多学生会发现自己如此"平庸",原来带着各种梦想来的,最后梦想的期待值在不断下降。

案例中的小文处于高二年级,经历了一年高中生活,已经对高中生活很熟悉了，也失去了新鲜感，同时了解了高中的学习生活模式，也感受到了高中学习的压力。高中的生活对于学生来说，其实是枯燥的，也是辛苦的。小文在高一紧绷一年的神经的高压状态下取得了好成绩，获得了老师的关注，但这反而变成无形中的枷锁，给了小文巨大的压力。升入高二后，因文理分科，课程安排有了很大的变化。高二，经历了高一的新鲜期，又没有高三的紧张期。小文经过高一对于高中生活的新鲜期，进入高二的熟悉期，也是倦怠期，对自我有了一定的放松，一方面认为自己成绩基本稳定只需要维持，另一方面也是通过看魔幻小说逃离让他感到疲惫的高中生活，释放压力，逃离现实，去获得一种轻松的成就感、快感。

【学生有话说】

人人都说我是个好学生，好学生就不应该犯低级错误，好学生就不应该名次落后，好学生就应该……仿佛一切都被规定好了。我为了成为别人眼中的好学生，不断拼搏努力，不敢有丝毫松懈，生怕名次下降，我的神经紧绷。这时候，我看到了魔幻小说，那是个多神奇的世界，那个世界有魔法，如果我也有魔法那该多好。我有魔法了，马上就施展开来让所有的知识进入我的脑海里；如果我有魔法，就让我的成绩永远名列前茅……如果我有魔法，我愿意在这个世界中停留。

【方法策略】

1. 处理课堂冲突要有章法

第一步，事中暂停。当教师在上课时遭遇冲突，可以试着创造互相冷静和反思的机会，先暂停冲突，试着转移注意力。所以不直接进行惩罚或责骂，而是暂停冲突，尝试在双方都冷静下来后再倾听学生的想法，处理冲突。教师可以这样说："我听到了你的想法，我可以下课后和你详细说说。现在，我们马上就要开始学习。"很多时候遇到课堂冲突时，教师为了能够继续上课，会快速地解决并实施相应小惩罚，但这对于学生来说会引起情感上的心结和不理解。

第二步，事后干预。首先，班主任营造一个相对安全温馨的环境，并向学生表明教师愿意听他或她的故事。接着，让学生提出解决方案。如果教师不同意此方案，可以提出对于其行为动机的猜想，并进行讨论。最后，教师巧用沟通的技巧，并且合理地转移注意力，以避免再次争吵。

例如：

课中师生冲突

学生（当着全班同学的面）："这门课太烂了！"

教师："我相信你有这样的想法，但现在不是谈论它的时候。我保证下课后听你的。我们需要就解决这个问题的更好方法进行对话。"

课下事后干预

学生（大声）："我就是讨厌这门课！"

教师："是的，我尊重你的感受，我们需要找到一种更容易接受的方式来表达你的愤怒。老师像你这样大的时候也会有这样的想法，我是这样处理的，想听听吗？"

学生（情绪缓和）对老师接下来的谈话开始尝试认真倾听。

2. 关注每一位学生各方面的情况，而非成绩一项

每一位学生在能力上可能有不足，但能上高中，基本上基础都是没问题的，学习能力也是有的，只是能力大小的问题。作为班主任，在平时要平等地对待每一位学生，不刻意去关注所谓的"好生""差生"，发现问题，及时沟通解决，从而帮助每一位学生。

课堂也要关注到每一位同学,这是大家的课堂,而非某几位同学的课堂。"师者,所以传道授业解惑也。"教师是所有学生的教师,而非几位学生的教师。教师可以针对不同的类型、不同群体的学生设置不同的问题,使这些问题覆盖所有类型、所有群体的学生,关注每一位学生在学校的学习生活,使他们的能力都能有或多或少的提高。

  在高中,成绩固然很重要,但健康的身体、愉悦的心情、生活的能力也很重要。高中生压力确实比较大,作为班主任,平时要多多关注学生各方面的情况,而非紧盯成绩,否则容易导致学生感觉没有一点喘息的机会,全程处于一种高压状态,以致出现问题。也容易让学生成为精致的利己主义者,只关注自身感受,不会在意别人的感受;遇到事情只会指责别人,不会反思自己,漠视别人的付出,无法接受批评,只能接受赞誉,受不了一点挫折,像个瓷娃娃,只能捧着,稍微有一点挫折,就一蹶不振。导致这些的原因,首当其冲是"重智轻德"。忽视学生德智体美劳五育共育,导致学生没有强大的心理以及耐挫力,其实这样培养的学生并非具有健全人格的学生。案例中的小文被班主任发现看魔幻小说这一行为后,没有认识到自身错误之所在,反而指责班主任施加的压力大,其实有点伤班主任的心。但班主任也该反思是否平时过度关注成绩,而忽视学生其他方面的培养,导致学生成了单纯的"考试机器",而非德智体美劳全面发展的学生。

3. 给予学生调试压力的方法指导,缓解压力

  作为班主任,可以多提供一些机会给学生释放压力。案例中小文上课时看魔幻小说,这一行为显然是不妥的。班主任可以专门设置一节阅读课,并对阅读的书目进行筛选,让学生自由选择阅读书目中自己感兴趣的书籍进行阅读,一方面放松一下紧绷的神经,另一方面也能增长一些知识。也可以借机引导学

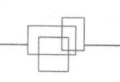

生树立正确的世界观、价值观、人生观，让学生了解更广阔的世界，树立更远大的目标，从而拥有更宽广的胸襟，让学生面对困境、面对挫折时能够做到从容镇定，寻求到解决的方法。高中生有了一定的思考能力，也有明辨是非的能力，但也要加强适当的引导，给予学生方法的指导。这些方法可以从书籍中获得，也可以从与课本有关的人物的人生经历中获得，班主任可以播放一些与课本中出现的人物有关的视频，选择风格轻松愉快的、易于高中生接受的视频，让学生从中获得启发。

【拓展延伸】

学生突发状况师生沟通的范式图谱

在师生沟通中同一件事情，师生双方都有各自的需求，最终产生师生冲突，围绕"冲突如何解决"这一核心问题，以下策略提供了切实可行的解决方案，使教师在解决问题时变得有章可循。

首先，班主任要树立正确的学生观。学生是处于正在发展中的人，是情绪与行动极易冲动的时期，他们渴望被接纳、被理解、被认可，师生沟通中教师要用肯定、认可和引导代替指责、训斥等教育方法。

其次，班主任要学会控制情绪，听学生把话说完。很多时候，班主任总是急于说教，指出学生错误的行为，其实是剥夺了学生对于冲突解释的权利，如果班主任比较武断地阻止学生申辩，无形中让学生感受到教师的不理解，极易爆发不良情绪。

最后，班主任需要学会处理冲突的技巧。班主任要学会联合班级各学科教师形成的合育团队的力量，也要学会争取家长的配合支持，但是这种家校的合力一定基于在平时双方就保持密切的联系，而不是出现冲突以后一起教育，让学生认为班主任与家长一同整治他。要能做到平等尊重，公平公正合理地处理冲突。

师生冲突化解图式

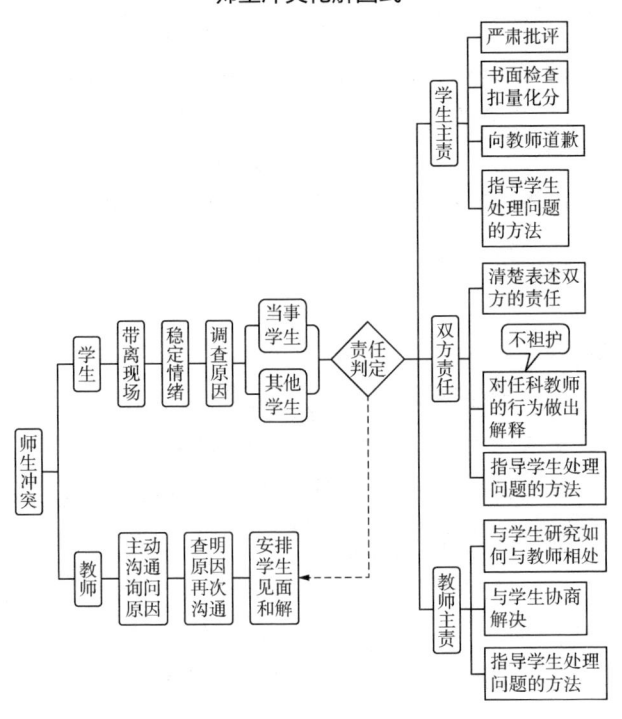

```
                                        ┌─ 严肃批评
                                        ├─ 书面检查
                                  学生主责 ┤  扣量化分
                                        ├─ 向教师道歉
                                        └─ 指导学生
                                           处理问题
                                           的方法

                                        ┌─ 清楚表述双
                                        │  方的责任
                    ┌─ 当事学生           ├─ 不袒护
         带离   稳定   调查              双方责任 ┤
    学生 ─ 现场 ─ 情绪 ─ 原因 ─┤         责任判定 ┤
                    └─ 其他学生           ├─ 对任科教师
师生                                       │  的行为做出
冲突                                       │  解释
                                        └─ 指导学生处理
                                           问题的方法

                                        ┌─ 与学生研究如
                                        │  何与教师相处
         主动沟通   查明原因   安排学生   教师主责 ┤
    教师 ─ 询问   ─ 再次   ─ 见面      ┤  与学生协商
         原因     沟通     和解        │  解决
                                        └─ 指导学生处理
                                           问题的方法
```

第二章
家校沟通　共育成长

在我国,家校沟通是家校合作的主要方式,建设家校合作共育机制是落实立德树人根本任务,促进基础教育高质量发展的有效举措。我国政策文本中有关家庭教育与学校教育有序合作始于20世纪五六十年代,80年代初作为学术概念被我国学者开始研究实践。迄今,受到了社会各界的广泛重视,教育界更是将其视为学校教育改革的重要内容之一。

对于家庭教育与学校教育常态化沟通,当今教育工作者普遍认为:教育不仅仅是学校的事,而是在学校主导下的校家社三方协同育人。但是三方协同之中尤为重要的依然是学校教育与家庭教育有效合作。有效的教育离不开密切的家校合作,有效的家校合作离不开有效的家校沟通。

第一节　家校沟通现状

班主任在教育中发现学生存在的问题时,要积极主动与家长沟通,共同探讨改进提升的措施,制订更贴合学生发展的个性化教育方案,为学生的成长提供个性化的帮扶。这样才能使教育教学的针对性更强,更好地助力学生全面成长。

一、教育政策情景

近年来,国内有关学校教育、家庭教育和社会教育的政策文件相继出台。2021年中共中央宣传部等7部门联合发文《关于进一步加强家庭家教家风建设的实施意见》,要求"覆盖城乡的家庭教育指导服务体系不断完善,家校社协同育人机制更加健全"。2021年10月颁布的《中华人民共和国家庭教育促进法》指出"家庭教育、学校教育、社会教育紧密结合、协调一致"。2023年教育部等十三部门印发了《关于健全学校家庭社会协同育人机制的意见》。

这不仅仅体现了党和国家对新时代教育规律的深刻把握与高度重视,更体现了当下我国教育生态对学校教育、家庭教育、社会教育协同育人的强烈需求。通过鼓励家长参与,促进家校沟通,完成家校社协同育人已是必然趋势。

基于学校的社会角色,家校沟通的概念是较为宽泛的,简单表述其实就是家庭和学校之间的交流与合作。从交流与合作的目的来看,它不同于一般的社交沟通。家校沟通的目的是组建教育共同体,建立积极有效的家庭与学校的合作关系。

从沟通主体性上来区分,沟通的类型有三种:第一种是家庭发起的主动交流,第二种是学校发起的主动交流,第三种是第三方因素引起的两者之间的被动交流。三种类型组合而成的交流方式则是不胜枚举的。传统的方式有书信、家访、家长会等,随着时间发展有了新的形式,例如线上交流、家长学校、家校互动等。

随着时间的推移,改变的不仅是方式,还有家校沟通的概念。当代家校沟通中的"家"不仅仅指代家庭,而是融合进家庭

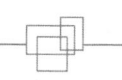

教育的概念。同样，家校沟通中的"校"也不仅仅指代学校，也包含了学校教育的概念。

面对家校沟通，某种程度上也是面对家庭教育与学校教育之间的交流合作。当概念延展到家庭教育与学校教育的问题上时，两者之间的关系则发生了改变。当交流与合作局限在具体家庭和具体学校之间时，其交流原则是合作共赢促进学生全面发展。当交流与合作延展到学校教育与家庭教育时，其合作关系更多体现在一方指导一方，一方辅助一方。《中华人民共和国家庭教育促进法》明确提出"中小学校、幼儿园应当将家庭教育指导服务纳入学校工作计划""中小学校、幼儿园应当建立家长学校，针对不同年龄段未成年学生的特点，定期组织家庭教育指导和家庭教育实践活动"。

由此可见，国家对教育越来越重视。如此一来家校之间的沟通也在发生着一系列的变化，如概念、形式、目的、效果、沟通主题、关注群体、受众个体等。

二、家校沟通现状

当今，家校关系是审视现代学校发展历程的重要视角。家校沟通的有效度是家校关系是否和谐的重要评判标准之一。当前，我国家校沟通的整体状况如何？家长作为家庭教育的主要实施者、家校沟通的主要参与者是如何评价当下家校沟通的？为了更好地推进家校沟通，学校面临什么问题？这些是值得我们思考的。

据全国性调查数据显示，尽管家校沟通的重要性得到了广泛认可，但在实际操作中仍存在一些问题。例如，班主任与家长对各自责任的认识存在偏差，可能导致沟通障碍；班主任与家长

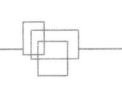

的地位实质上并不平等，可能导致信息流通不畅；沟通形式单一、渠道不畅通等问题也制约了家校沟通的效果。部分家长在与班主任沟通时缺乏话语主动权，进一步影响了家校沟通的效果。此外，进一步分析表明，家长对家校沟通的感受与其性别、年龄、孩子所处学段、文化程度、家庭收入水平、地区和城乡等方面有显著关系，即在合作意愿、合作效果评价以及对阻碍交流因素的认知上存在显著的群体内部差异。

具体分析，家校沟通的现状呈现出以下几个问题。

1. 认识一致，但渠道单一

家校沟通的重要性得到了广泛认可。越来越多的家长和班主任意识到，家庭与学校是学生成长过程中不可或缺的两个重要环境，而有效的家校沟通则是促进其健康发展的重要保障。因此，许多学校和家长都积极寻求建立更好的沟通渠道和机制。然而，尽管有这样的共识，但在实际操作中，家校沟通仍然面临一些挑战和问题。沟通渠道不畅通、形式单一是普遍存在的问题。尽管现在有了更多的通信工具，如微信、QQ等，但很多时候这些工具并没有得到充分利用，或者只是被用来布置作业和传达简单的信息，而缺乏深度的交流和互动。一些传统的沟通方式，如家长会或家访，可能由于时间、地点等因素的限制，难以频繁或有效进行。

2. 渠道通畅，但期待不同

即使沟通渠道通畅，但家校双方对沟通内容的理解和期望也存在差异。大数据显示，家长更关心孩子的日常生活、情感需求和心理健康，而学校则更注重学业成绩和纪律表现，这种差异可能导致沟通中的信息不对等。信息不对等会带来理解偏差和执行偏差，对对方的教育需求产生误解。例如，学校可能在某些重要事项上未能及时向家长提供充分的信息，导致家长对学校

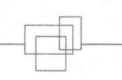

的教育决策和措施了解不足。同时,家长也可能未能全面、准确地反映孩子在家庭中的表现和需要,使得学校难以形成对学生的全面认识。

3. 期待相同,但积极性不足

积极性不足往往体现在沟通主体不参与、少参与或消极参与家校沟通活动。现实的沟通中有一些家长积极性不足,借口工作繁忙或其他原因,轻易放弃参与学校的沟通活动,或以消极态度应对班主任主动发起的沟通需求。一些班主任也可能因为工作压力或工作能力,对家校沟通缺乏足够的耐心、细心和信心,被动回应家长的沟通需求,低效处理家校沟通。这两种消极沟通有着共同的心理背景,就是对对方的教育能力过度依赖。家长依赖学校教育和老师,老师则依赖家庭教育和家长。如果排除沟通双方缺失教育能力的可能性,那么这种依赖存在的背景则是家校双方教育期待一致或无期待。

4. 缺乏科学理念与沟通技巧

对于家校沟通,不论是哪一方先主动,沟通必须是双向的。有些家长和班主任是因为缺乏沟通技巧或自信,不敢主动交流。有些则敢于交流却因为理念陈旧、态度傲慢,往往将正常的沟通交流发展为矛盾冲突。

家校双方对家校沟通的认识和态度可以存在差异,但要求同存异。例如,一些家长可能认为教育是学校的事情,自己只需要配合学校的工作即可;一些班主任也可能认为家长应该更多地参与到学生的教育中来。这种认识和态度的差异可能导致双方在家校沟通中难以形成有效的合作。

5. 重视"一家一案"的沟通复杂性

当渠道通畅,积极性充足,双方沟通技巧和态度均有默契时,沟通意外也可能随时发生,因为家校沟通的效果往往受到社会文化背景和教育理念的影响。不同地区、不同家庭背景和文化传统的家长,对家校沟通的态度和期望可能存在差异,这也增加了家校沟通的复杂性。

综上所述,当今家校沟通存在的问题包括沟通渠道不畅、信息不对称、沟通内容单一、沟通方式不当以及双方认识和态度差异等。为了解决这些问题,需要双方共同努力,建立更加畅通、多元和深入的沟通机制,以促进学生的全面发展。

三、家校沟通策略

针对家校沟通的现实困境,需校家社三方协同,创造性地构思家校沟通的策略与途径。

1. 创造沟通环境,平衡育人生态

美国学者查尔斯·扎斯特的社会生态理论认为,人类所生存生长于其中的社会环境是一种社会性的生态系统。

自由平等的沟通生态有助于家校之间沟通意识的滋生。家长面对教育问题不再有"消费者"心理和"上当者"心理。教师本着职业初心构建沟通机制,基于学生的成长困境创造沟通机会。将家庭教育视作与学校教育目标一致、教育方式与侧重点不同的平等主体,而非学校教育的附庸,通过沟通生态的共建和维护,进一步促进教师和家长的自然关系,有了融合的自然关系,沟通也就顺理成章。

家校沟通最和谐的状态是在彼此尊重、理解、信任,家长充分信任学校和老师的专业能力,教师及时反馈学生在校的情绪状态、学习困难与行为习惯等情况,家校协同一起解决学生成长中遇到的各类问题。

2. 创新沟通形式,反馈育人效果

家校合作的方式主要是交流与合作完成活动项目。其中沟通交流的方式比较多元,有线上和线下两大类,线上主要是沟通媒介不同而已,线下主要是沟通规模不一致。

线上沟通媒介不同指的是微信、QQ、钉钉、校讯通、科大讯飞综评系统等;线下沟通规模不一致指的是沟通的人数、频次等不同,例如家长会、家长学校、家长开放周等。

班主任要善于运用多样的家校沟通形式,借助互联网沟通的优势,创新家校沟通模式,丰富家校沟通内容。通过家校合作将育人信息进行整合,改变传统家校沟通模式反馈内容趋同,忽视个性化成长、信息传递慢、内容单一、缺乏可持续性的弊病。借助综合素质评价多维度评价学生的在校行为。有效促进学生全面发展与个性发展相结合,不同的家校沟通中遇到的问题采用不同的沟通方法。

(1) 根据不同类型的沟通对象个性化地进行沟通

首先,班主任作为班级管理者,可以把家长分类。第一类是成绩优异,家长配合。可以作为榜样示范,为班级管理所用。第二类是成绩优异,不关注班级任何事务。这类家长自命清高,班主任可以在保持自己独立教学主张风格的基础上以礼相待。第三类是成绩中等,家长配合。这是班主任沟通的主体,是最容易沟通的群体,这类学生容易进步,家长对老师信任度高。第四类是成绩中等或成绩一般,家长不配合或管不好、不会管。这是最容易引发家校矛盾的群体,对于此类群体,班主任不要一味指责。对于这类最容易引发家校矛盾的群体,要共同寻求方法策略,通过家校协同,矫正孩子的不良行为。上述几类为按学生成绩作的分类,也可尝试用其他方式分类,如家长性格等,这些都需在今后的工作中不断探索。

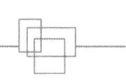

(2) 用专业的知识点亮家长希望之灯

家长对有专业教育背景的班主任能够指导自己教育自己的孩子是怀有很大的期待的,家长希望每一次的沟通都会有所收获。因此班主任要转变沟通的思路,沟通时不能一味指责学生出现的问题,而是以建议的角度多找到解决问题的策略,这才是家校之间的沟通最终的目的。首先,可以协同家长更深入地了解孩子的学习进度和在校表现,找准孩子的优势之处,有针对性地给予帮助与支持。其次,协同家长学习科学的教育方法,分享适合孩子年龄特征的教育理念与方法,帮助家长更好地引导孩子成长。最后,可以通过家长学校等,组织家长参加各类家庭教育活动,通过家长间的分享交流,拓宽家长的育儿视野,学习育儿经验。

(3) 教育立场协同一致,家校沟通的桥梁

协同育人如同家长、班主任、学生之间的一种长期的博弈,更是一种拔河比赛,如果家长和班主任之间形成合力,那么绳子的两端一定是一边是学生,另一边是家长与班主任,这样才能轻松形成良好的教育效果。如果家长、班主任置于绳子的两端,双方只能两败俱伤。教育立场的协同一致会增强家长的育儿责任感和成就感,使家长更加积极地投入孩子的教育中。首先,家长与班主任都应明确共同的目的是让孩子更好地成长,围绕这个核心目标的家校沟通才能有效。要找到家长对孩子的期待与孩子现有的行为表现的契合点。其次,加强信息的实时共享。班主任要定期与家长进行一对一的交流。可以采用多种形式反馈孩子在校的学习情况、兴趣爱好、行为表现等,鼓励双方进行有效的亲子沟通,让家长对孩子的教育更有针对性,对学校和老师产生一种信任。最后,当教育立场出现不一致时,要有正确的沟通认知。双方要在互相尊重、保持理性的沟通氛围中,充分做到

理解与共情，通过协商解决问题。当教育立场不能做到协调一致时，可以借助学校负责的职能部门或者家长、学校等机构部门，处理好家校之间的矛盾与分歧，确保教育立场的协同一致。

（4）换位与共情，家校沟通的基石

共情意味着能够设身处地体会对方的感受和情绪。作为班主任，要理解家长对孩子的关切与期望，家长也要能理解班主任在工作中面临的压力与责任。多数需要经常沟通的孩子都是在行为习惯，以及学习上存在问题的孩子。这样的孩子，他们的家长也可能存在一定的焦虑，对于找不到合适教育方法的家长，作为教师一定要有同理心，不要一味指责。良好的家校沟通应该建立在"我理解您的焦虑、无奈，但是我还是希望能在孩子的教育上给予您帮助"的基础之上，才可以真正为孩子的成长保驾护航。通过共情与思考，家校之间建立起更加信任、和谐的关系，真正助力孩子的成长，为孩子创造一个积极、正向、健康的成长环境。

3. 构建沟通清单，展望协同未来

从具体操作层面来看，家校沟通是一个复杂而庞大的工作，所以借助清单思维构建家校沟通是做好家校沟通的有效辅助。

（1）明确沟通目标

不论何种类型的沟通，首要步骤是明确沟通的目标。家长和班主任需要在沟通之前达成共识，了解此次沟通的核心议题和期望达成的结果。这有助于双方围绕一个共同的目标进行有效的对话，减少误解和不必要的争执。

（2）选择合适方式

家校沟通方式多种多样，包括面对面的家长会、电话沟通、线上留言、校内亲子活动等。在选择沟通方式时，应根据具体情况和沟通内容的敏感性、紧急性等因素综合考虑，选择最合适的方式进行沟通。

（3）尊重双方立场

在家校沟通过程中，家长和班主任都应尊重对方的立场和观点。家长代表家庭背景和孩子的个性特点，教师则代表着学校的教育理念和教学计划。双方应以开放、包容的态度交流，共同为学生的成长和发展创造良好的环境。

（4）及时分享信息

信息对等是家校沟通的关键。家长应了解孩子在学校的学习和生活情况，班主任也应掌握学生在家庭的表现和成长动态。双方应在理念一致、期待趋同的前提下及时分享有关学生成长的重要信息，以便共同制订和调整教育计划。

（5）保持积极态度

在家校沟通中，双方应保持积极的态度，以建设性的方式解决问题。遇到困难和挑战时，双方应共同努力，寻求解决方案，而不是相互指责和抱怨。通过积极沟通，建立良好的合作关系，共同促进学生的成长。

（6）定期互动交流

定期的互动交流有助于加强家校之间的了解和信任。通过"共情融合"巧用教育智慧让师生情谊肆意流淌，打造班级管理共同体。对于学习困难学生，量身定做三位一体的个性化帮扶群，对于行为习惯差的学生，分工协作具体任务，时期不同，分工不同。开展定期交流，定期确定重点帮扶学生，家校沟通不畅时，学生、家长、班主任是一个团队，一主两辅，一起沟通，解决问题。班级需要家校配合，各位科任教师都能热烈响应。定期组织家长会、家长进校园等活动，让家长有更多机会了解学校的教育理念和教学方法；家长也应主动参与这些活动，与班主任进行互动交流，共同关注学生的成长。

(7)建立信任基础

信任是家校沟通的重要基石。双方应通过真诚的交流、积极的合作和有效的沟通来建立信任关系。班主任应以专业、负责的态度对待家长和学生,家长也应给予班主任充分的信任和支持。在此基础上,双方才能形成合力,共同推动学生的成长和发展。

(8)跟进交流结果

家校沟通不应仅仅停留在问题的提出和讨论阶段,还应关注问题的解决和处理结果。双方应共同跟进沟通达成的共识和计划执行情况,确保问题得到有效解决。同时,对于沟通中出现的新问题或挑战,双方也应及时沟通、调整策略,以保持沟通的有效性和持续性。

通过以上策略的实践与落实,家校沟通必将更加顺畅、高效地为学生的全面发展创造更加良好的家校社协同育人环境。

第二节 常态化沟通

"随着经济发展和我国社会的转型,家庭教育得到了更多的关注,同时,也面临更多家庭教育的新问题。虽然当前我国家长的文化素质已有较大提高,但大部分家长仍然缺乏专业系统的教育知识和问题解决指导,仅仅依靠家庭内部的力量难以解决家庭教育存在的实际问题。"[1]家庭教育具有长久性和普及性,学校教育具有针对性和阶段性,两者交叉的时候对一个学生的

---

[1] 袁丽,胡艺曦.试论教师家庭教育指导专业素养的内涵、特性与循证提升模式[J].教师教育研究,2022,34(3):1-7.

成长至关重要。

所谓常态化沟通是指家校之间要构建常态、稳定的沟通机制,对于学生发展中的日常性变化有相对固定的沟通时间、沟通内容和沟通方式。通过稳定的家校沟通达成共同育人的目的。

常态化沟通大致有如下三方面。

一是保持沟通时间的常态化。伴随着学生的成长,学校与家庭之间固定时间交流。例如每月一次家长会,每周一次的家校联系册,每学期一次的素养评价,这些都属于时间范畴内的常态化沟通。学校和家长都要提前做好充分的准备,认真总结学生在家庭和学校里的变化,针对这些变化互通有无,全方位帮助学生成长自我。

二是保持沟通内容的常态化。沟通内容的常态化是较为实用的常态化沟通,主要是班主任与家长之间的沟通,针对学生的发展状况,大部分的沟通内容是学生在学校和在家的学业发展情况以及自律性养成情况,对于个别身心健康出现问题的需要时刻沟通学生的心理状态等。

三是保持沟通方式的常态化。这种沟通维度,可以是借助学校惯用方式,如较为宏观的家长会、家长学校等,也可以是根据班主任和家长的沟通习惯,采取线上留言、拍照或电话沟通。这种沟通方式的常态化会及时有效地构建家校沟通。

一、在校表现

家校共育是现代教育的重要组成部分。教育的效果取决于学校和家庭的一致性,如果没有这种一致性,学校的教学和教育就会像纸做的房子一样随时倒塌。家校之间从确立关系到良性互动,我们要找到那把双向奔赴的钥匙。

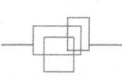

家校沟通不是"剃头担子一头热",应该是双向奔赴的良好前程。只有家校紧密配合,才能实现苏霍姆林斯基所说的"完成教育人这样细微而复杂的任务"。家校之间既要有分工,又要目标一致,共同指向学生德智体美劳的全面发展。在此基础上,针对学生在每个时期出现的身心发展中的烦恼和困扰,寻求更适合、更巧妙的家校沟通方法。

【情境案例】

一天,A同学的家长发来信息询问孩子在校表现情况。继上周班主任跟A同学的家长反馈过孩子的问题,家长回家应该是采取了一些措施,他们反映近期能明显感到孩子有所转变了,因为孩子脸上的笑容更多了。班主任安慰了A同学父母,告诉他们,孩子在校表现有了很大进步,希望他们继续努力,能够关注孩子的成长,这种成长不仅是学习的进步,更是世界观、价值观、人生观的成长。班主任也要承担"教书"和"育人"的任务,希望每位学生都能先成人,后成材。家长表示了感谢,并承诺会和学校一起做好孩子的成长工作。家长也希望班主任能继续给予方法,做好家庭教育指导。

【案例分析】

家长迫切想和班主任沟通。"双减"背景下,学生的作业负担和培训负担不断减轻,但是学校与家庭的责任不能减少。以前的"题海战术"下,学生成绩分数能有所提高,但是导致了很多心理和身体健康问题。在"双减"背景下,很多家长表示无法知道孩子的学习情况,内心充满担忧,因此经常与班主任沟通,了解孩子的在校表现。

班主任要发挥学校教育的主导作用。不可否认的现实是,

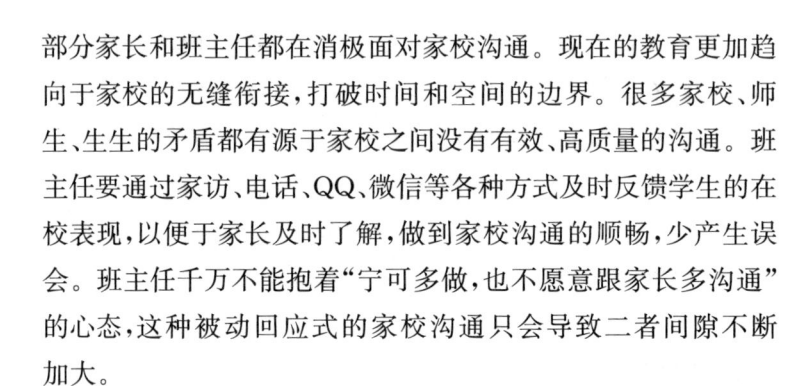

部分家长和班主任都在消极面对家校沟通。现在的教育更加趋向于家校的无缝衔接，打破时间和空间的边界。很多家校、师生、生生的矛盾都有源于家校之间没有有效、高质量的沟通。班主任要通过家访、电话、QQ、微信等各种方式及时反馈学生的在校表现，以便于家长及时了解，做到家校沟通的顺畅，少产生误会。班主任千万不能抱着"宁可多做，也不愿意跟家长多沟通"的心态，这种被动回应式的家校沟通只会导致二者间隙不断加大。

【家长有话说】

作为家长，我有知情权，我要知道孩子在校的一切表现，这样便于我能在家采取一些措施跟学校配合。更重要的是，了解完之后，我就知道我得在哪方面努力，帮助孩子改进。我知道老师很忙，但是老师也要保证我们知情权。反馈学生的在校表现，毕竟也是老师的工作之一。只要教师跟我积极反馈，我一定鼎力配合，做好家庭教育中我该做的。

【方法策略】

1. 主动积极，注意主导性

虽说家长是孩子的第一任老师，但是学校教育应该在家庭教育和社会教育中发挥主导性，引导校家社协同育人走向更美好的未来。在十三部门联合发布的《关于健全学校家庭社会协同育人机制的意见》中明确指出，"学校充分发挥协同育人主导作用"，"全面掌握并向家长及时沟通学生在校期间的思想情绪、学习状况、行为表现和身心发展等情况"。除此之外，还要做好家庭教育指导和用好社会育人资源。为了实现家校的常态化沟通，班主任要发挥积极作用，把握沟通契机，采取多种沟通方式，激发家长沟通的欲望。

家校共育的理想状态是,二者彼此信任,为了学生的进步,相互配合。为保证沟通效果,班主任要利用平时的家校活动,增强家校彼此了解。可以根据学生年龄特点、班级实际情况、学生和家长的需求,设计有趣的亲子体验活动,和谐亲子、家校关系。也可以通过主题式家长会的形式,做好家庭教育培训,旨在提高家长的育儿能力。在家长会上,班主任也要及时反馈学生的在校表现。

2. 私下沟通,注意平等性

平等性是班主任与家长沟通的基础,体现在班主任对待家长的态度上,表现为一个眼神,一个动作,一句语言。班主任与家长沟通反馈学生的在校表现,提出表扬和建议,是班主任的日常工作之一。但是在班级群内有些话不适合说,表扬部分学生,就意味着另外一部分学生没有受到关注,家长自然不高兴;批评学生,就意味着让他们在全班学生和家长面前丧失颜面,更要不得。最好的方式就是班主任与家长私下沟通。

班主任通过各种方式与家长私下沟通学生的在校表现,必要时也可以家访或者邀请家长到校。在沟通时,班主任要注意双方地位的平等性,不能训斥、嫌弃,更不能采用问责式。教师要多看到学生的优点,即使看到缺点时,也要委婉地指出,并能提出一些建议,供家长采纳,并能带着孩子改正。

如果教师邀请家长来校,要记得注意"四个一":一把椅子让家长坐下,面对面地与教师沟通;一杯热水,能让家长在口渴的时候饮用,天气冷的时候捂手;对家长要有一声亲切的称呼,"×××爸爸"或者"×××妈妈",避免谈话太过于生硬;对家长要有一脸笑容。家校沟通本就是愉悦的,千万不能紧皱眉头,也不能表情过于严肃,否则有拒人于千里之外之感,很难与家长共情。

3. 有效沟通，保持针对性

德国哲学家莱布尼茨说：世界上没有两片完全相同的树叶。自然，也没有两个完全相同的学生，更没有两个完全相同的家庭。学生有其独特性，身为班主任就要了解每位学生的独特性，了解每位学生的家庭情况，比如民族、家庭经济状况、家庭结构、孩子的成长环境等，班主任在与家长交流时，要有针对性。班主任要及时关注到每一位学生，在与家长沟通学生的在校表现时，尤其是提出学生在校表现不足时，要提出有针对性的措施，要具体、实用，切实做好家庭教育指导，便于家长能够针对问题进行矫正。

家长最怕的就是"告状式"沟通。班主任只告诉家长学生现在的问题，却不告知有效的解决办法，这样下去，不仅没有形成家校的有效沟通，而且极其容易被家长埋怨，或者被家长反问："那你说该怎么办？"家长毕竟不是教育专业人员，只能凭借以前的受教育经验对孩子进行教育，但这是不科学的，因此班主任应该提供专业的、有针对性的教育支持。

4. 目标一致，保持双向性

班主任和家长是育人的两大主体，应该是双向奔赴的。二者只有在平等、相互尊重的基础上才能实现对话与互动。在班主任努力的同时，家长也应该认真学习家庭教育知识，关注学生的全面发展，转变"唯分数论"的观念，在关注学生成绩的时候，也要将德体美劳的教育纳入观念之中。家长要以身作则，发挥家庭教育的榜样示范作用。当然，家长也要对班主任多加理解和信任，不被网络上的舆论环境带偏，否则会产生对学校的不信任。每个班主任是独立的个体，有其不同的性格、生活环境、认知层次，自然处理的方式会有所不同。家校之间相互磨合、相互沟通的过程,也是促进学生发展的过程,所以二者必须在目标上达成一致,双向奔赴。

二、思想变化

交流是一种沟通的艺术。《大学》告知我们"意诚而后心正,心正而后身修",这不仅仅是修炼学问的要求,更是我们与人交流时的自我要求。只有诚心的交流才会走进学生和学生家长的内心。在常态化沟通中,对于学生遇到的任何问题,都要保持第一时间与家长极其诚心地交流,诚心地共同面对学生遇到的成长困难,诚心地共同面对家长的疑惑和担忧。

【情境案例】

小苏同学很有才艺,活跃在学校各大社团(合唱队、小剧社等)之中。初二的暑假里,她担任主演的情景剧获得了县(区)一等奖。转眼暑假过去,初三了,小苏的成绩逐渐下滑,小苏的妈妈觉得是排练分了孩子的心,过多占用了孩子的时间,影响了孩子的学习,她坚决反对小苏这一年参加任何活动。然而,市里来了通知:两周后,那个得奖的情景剧要去市里比赛。由于临时换主演已经来不及了,班主任联系了小苏妈妈,小苏妈妈态度异常坚决:"孩子处在学习关键时期,请你们放过她吧,不然你把你们校长电话给我,我和他说。"

【案例分析】

根据案例可知在这段家校沟通中明显存在三组矛盾。第一组矛盾是小苏同学的妈妈和班主任之间的矛盾,这对矛盾直接映射的是思想观念的冲突,也是家校沟通不顺畅的重点体现;第二组矛盾是小苏同学的课外活动和学业发展之间出现了冲突，这个矛盾是第一组矛盾的导火索，这组矛盾是否能妥善处理好是缓解第一组矛盾的重要环节；第三组矛盾是操作层面上的，比赛在即，小苏同学作为主演具有不可替代性。

之所以会有这三组矛盾，主要在于如下几个原因。

1. 教师方面的原因

作为社团负责老师和班主任是否真正坚持了五育融合。我们一线教师清楚，提升学生素质教育是重要的育人方向，德智体美劳全面发展才有利于学生的身心健康发展，五育之中片面的注重任何一个而牺牲另外几个都是不可取的。作为社团的课程一定是以培养和呵护青少年兴趣爱好为目标，如果仅仅是因为比赛而耽搁学生正常的学业时间与学业发展当然也是不可取的。

所以我们要依次弄清楚几件事：小苏同学愿不愿意参加市里的比赛？小苏妈妈对小苏同学参加社团活动是一直不支持还是仅仅不支持本次比赛？班主任要做好评估，这个社团活动是不是导致小苏同学成绩下滑的主要原因？如果仅仅是因为"来不及换主演"会带给学生和家长不好的感受，本次沟通不顺畅的第一个原因就是班主任没有做充分的调研，让家长感受到教师并不了解或并不重视小苏同学成绩下滑的现象。

2. 学生方面的原因

小苏同学作为整件事的核心人物应该有自己的想法和做法。无论家长还是教师都要在符合学生意愿的前提下进行相应的育人行为。对于家长的反对和教师的坚持，小苏同学要表达自己的想法，要主动和家长以及教师做交流。由此可知，小苏同学对本次比赛不表态，是引起家校沟通不畅的一个重要原因。

另外，小苏同学如何处理爱好和学业之间的关系是要通过自己的行为展示出来的。如果确实处理不好两者的关系,要勇敢地向家人和教师求助,在确定好长远目标后自主做取舍。所以,本次沟通不顺畅的另一原因就是学生自己没有清晰地表达自己的意愿,没有展示自己的目标和行为,给了家长和教师巨大的猜测空间,在猜测的过程中产生思想认识方面的矛盾。

3. 家长方面的原因

从家长的表达中,我们可以判断家长对孩子成绩下降的归因过于简单,对于学业发展的不理想统统归结为"排练分了孩子的心,过多占用了孩子的时间,影响了孩子的学习"。并没有立足于问题,细致地去和教师做交流,一起查找"成绩下滑"的原因。

对于一位刚刚升入初三的学生而言,成绩下滑的原因是多方面,例如新增加学科的不习惯,学习任务增量的不适应,新学期初还没有收心,应对初三的学习方法还不够适当等。当然,也有可能是活动占据时间导致学生精力不够,无法胜任学习。

所以家校沟通不畅的又一个原因是家长的思想认识不同,家长要和班主任保持有效沟通,充分了解学生的状态后再去做判断,确保判断准确后再实施帮扶措施,这样才能有效解决问题。

【家长有话说】

孩子处在学习关键时期,请你们放过她吧!虽然孩子能获奖,但我们不需要这些,我们现在最需要的就是确保她能考上一所好学校,等考上了高中后再去发展自己的爱好也不迟啊!学校这么大,我相信找一个能替代她的一定不困难,但对我们家来说这孩子可是唯一,她的前途也是我们家唯一关心的大事。

【方法策略】

1. 探——常态化家校沟通，探需求

作为班主任，当家校沟通陷入僵局的时候第一步就是要了解对方的需求。根据马斯洛的需求层次理论，只有满足低级需求后才可能自我实现。现实生活中哪个家长不希望自己的孩子是那个最耀眼的星星，家长内心一定也是很希望看到孩子能够在市级比赛中熠熠生辉，一定也是很希望孩子在活动中是那个无法替代的唯一。

但为什么家长会如此反对班主任的建议呢？家长认为孩子一进入初三成绩下滑得严重，成绩下滑的主要原因就是参加活动排练耽误了学习，家长此时的需求是想让孩子成绩不再下滑，而尽可能让孩子把时间用在学习上，迅速提升成绩以应对未来一年的初升高遴选。升学的压力让这位母亲不得不选择放弃一些东西。妈妈的选择我们要理解，为了解决矛盾，第一步要探得妈妈的需求。

具体的做法可以采取两种方式，第一种在全班开展家长调查问卷，通过问卷调研了解父母对子女的期待是什么。第二种方式是根据学生特点召开分层家长会，听取家长的意见和建议。只有先探得家长的需求才好进行下一步的沟通帮助。

2. 强——班主任进行家庭教育指导，强认知

2022年1月实施的《中华人民共和国家庭教育促进法》指出："中小学校、幼儿园应当将家庭教育指导服务纳入工作计划，作为教师业务培训的内容。定期组织公益性家庭教育指导服务和实践活动。"根据要求，班主任要主动指导家庭教育，创新性地开展实践活动。班主任本人也要通过学习强化自己的业务素养和能力，通过专业的指导获取家长足够的信任。"亲其师，信其道"，这不仅仅说的学生，对于家长也是适用的，家长对班主任是

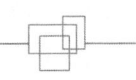

亲近的,信任的,家校沟通就会排除很多不必要的干扰。

如何获得家长信任呢？首先,要通过自身科学的育人理念去强化家长对家庭教育的认知,只有认知到位才能有科学的育人行动。其次,是通过自身的业务素养帮助家长解决家庭教育的困难。

从情境中我们看到小苏的妈妈其实是无助的,面对孩子成绩下滑,作为妈妈她不知道出现了什么问题,所以病急乱投医,过于武断地反对未来一年孩子的课外活动。班主任可以告知家长,孩子参加活动获得的锻炼和荣誉对于将来孩子学习都是有正向帮助的,并且还没有确定是不是因为排练耽误的学习,如果确实是,那可以协商如何提高学习成绩。但是多元发展无论何时对于孩子的成长都是有益的。最后是真心帮助,帮助孩子排查出学习困扰的原因,明确告知家长老师可以优先帮助小苏同学解决掉学习困扰,在课外活动中班主任也会频繁和孩子接触,随时帮孩子解决学习思想和学习技术上的困扰。

3. 变——危机应急交流,变思想

根据情境可知当下就要解决正面矛盾,小苏的妈妈要校长的电话,要亲自和校长聊聊。家长这个行为的潜台词就是已经不信任班主任,不想再继续纠缠参不参加市级比赛的问题。所以作为班主任这个时候要挽回信任危机,及时解决当下的冲突。班主任可以尝试如下的沟通方式。

班主任:"小苏妈妈您先别急,小苏参加表演社团的时间已经不短了,您也一定为她获得的荣誉感到骄傲。现在之所以有焦虑感了,是因为她的成绩再下降,这个问题我也观察到了,也为她想了好多方法也正在逐步实施。"

沟通意图:先跟后带交流让家长感受到被共情,被理解,进而放下戒备,为下一步顺畅沟通做准备。

班主任:"小苏妈妈您先别急着要校长的电话,我有两个办法,我们先尝试着做一下您看好不好?第一个办法请您有空的时候到学校来,我组织一个班级科任教师见面会,我们专门探讨交流一下小苏的情况,如果您没时间参加那我来组织,记下老师们对小苏的判断和建议。并不是所有的问题都可以通过延长学习时间能解决的,还得对症下药,否则不仅解决不了问题,还会给您带来亲子矛盾。"

沟通意图:危害呈现,帮助家长全方位地看待问题。

班主任:"小苏妈妈,第二个办法我和老师们说,课后对她多关注,帮助她及时解决。与此同时提醒她自己做好个人爱好与学业发展的规划,有规划才能取得长足的发展,并且现在的高中升学不仅仅看考试成绩,还有很多特长生录取,小苏同学如果树立好目标,将来通过艺术特长生提前被理想高中录取也是有可能的。她所参加的剧社剧本都是经典剧目,也是高中语文课本中常常学到的。指导老师也是我们的资深语文老师,排练中老师就可以帮助她解决语文学习的困扰。而且多元智能理论告诉我们,孩子的多元发展才是将来最有竞争力的。"

沟通意图:转变思想,勾画未来。

这样沟通的主要出发点有三个。第一共情家长,把家长拉回到育人共同体中来,不去人为制造对立情绪。第二危害呈现,初三的孩子都处于青春期,有着高频率的叛逆行为,如果因为家长过于强势而引发亲子矛盾,不仅不能解决学生的学业问题,还会滋生情绪问题和心理问题。第三通过交流转变家长的思想,思想交流是本次家校沟通的重点,不管小苏最后是否参加比赛,如果家长的思想不转变,后续还会有因为其他问题而引发的家校沟通冲突。

经过这样推心置腹的交流,当下的矛盾应该会获得缓解,后续班主任要继续跟进小苏同学和小苏同学的家长,任何问题都不可能是通过一次沟通而彻底解决,班主任要立足专业发展,时刻关心学生,为建立家校育人共同体而竭尽全力。

三、家校共育

常态化沟通中往往会遇到一个难题,就是针对一个家校之间的分歧无法继续交流下去,当这种情况出现时要怎么办呢?其实这是家校之间的常态化沟通必然遇到的情况。常态化沟通就是沟通的频次越来越高,角度越来越多元。随着频次高,角度多元,家长与学校之间的共同点会越来越多,当然分歧点也会越来越多。当这些分歧点出现时不要惊慌,这恰恰是沟通深入的表现,只有深度沟通才能构建更加稳定的沟通机制,所以要秉持求同存异的原则追求家校系统的一致性。

家校协同要求家庭与学校之间有积极的互动关系,双方教育观点保持一致,协同中关注每位学生的差异性,充分根据学生的成长环境注重因材施教,家庭学校密切配合,及时给予鼓励与支持,共同为学生的成长和发展创造良好的环境。家校协同先要做到理念一致,要有相同的价值观,明确教育中家庭与学校所承担的角色,更要有畅通的沟通渠道,双方建立积极有效的沟通渠道,减少教育过程中的矛盾与冲突,为学生创造一个和谐、稳定的教育生态,为学生的成长提供帮助。

【情境案例】

高一学生小李性格开朗、乐于助人,可最近常常闷闷不乐,同学与他交流,他也爱答不理。原来,小李特别喜欢体育运动,也常常在运动会上获奖,他认为自己文化课成绩平平,打算做体

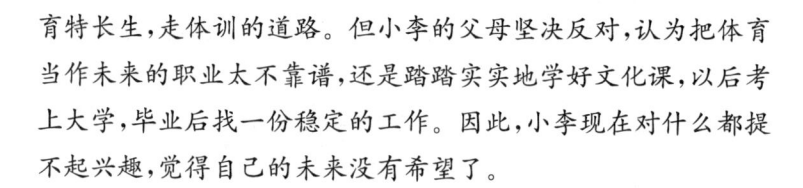

育特长生,走体训的道路。但小李的父母坚决反对,认为把体育当作未来的职业太不靠谱,还是踏踏实实地学好文化课,以后考上大学,毕业后找一份稳定的工作。因此,小李现在对什么都提不起兴趣,觉得自己的未来没有希望了。

【案例分析】

本案例中的问题,是因为家长与孩子之间对职业规划认知不一致,从而引发的亲子矛盾冲突。问题的解决,与对学生的学业指导密切相关,以及亲子沟通模式优化有关。

关于选择走体育特长生的道路,每个人的原因可能都会有所不同。以下是一些常见的原因:首先,兴趣和热爱。很多人选择成为体育特长生是因为他们对体育有浓厚的兴趣和热爱。他们享受运动带来的快乐,喜欢挑战自我,追求卓越。其次,身体条件。有些人可能天生具备良好的身体素质和运动能力,这使得他们更有可能在体育领域取得成功。第三,学业压力。对于一些学生来说,体育可能是一种逃避学业压力的方式。通过参与体育活动,他们可以找到一种平衡,同时也有助于提高学习效率。第四,职业规划。有些学生可能希望通过体育特长生的身份,为未来的职业道路打下基础。例如,他们可能希望成为一名专业的运动员、教练,或体育管理人员。

【家长有话说】

我觉得此时作为家长,我是需要老师给予我支持与鼓励的。孩子有自己的特长,我也想通过他拥有的特长为自己争取更多的机会,但是这条路确实走起来比较艰难,也有一定的挑战性。作为家长,肯定希望自己的孩子能有一条正确的道路。但是学好文化课是当务之急,我也知道这样做,会让孩子更加的沮丧难

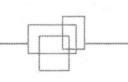

过,我也害怕慢慢的,孩子对学习越来越没有兴趣了。作为家长,我到底应该如何做才是对于孩子来说是最适合的,我很想寻求老师的帮助。爱好怎么能做职业呢?体育特长是需要天赋的!没有天赋是无法在体育这个行业出人头地的。我们家长了解到,相对于体育特长而言,还是提升文化课成绩更加稳妥一些,这条路也更好走一些,我们家长也能偶尔辅导他。如果发展体育,他会走得更加艰辛。

【方法策略】

  高中学生的身体、心理、知识、价值观等,都处于发展时期。对此,班主任在对学生进行学业指导时,要重视学生的生涯发展,将学业规划和今后的职业规划联系起来,引导他们积极寻找个人兴趣爱好和文化学习之间的共振点,增强学习的能动性,为未来发展奠定扎实的基础。

  此外,高中阶段处于人生的重要时期,这个阶段能否走好,会影响一个人的一生。职业生涯规划是高中学生的关键性一课,也是班主任进行学业指导的题中应有之义。规划制订得好,有利于当下的学习,更有利于长远的发展。

  因此,班主任要根据每一位学生的实际,尊重个体的差异性,在充分考虑家长意见的基础上,独立形成自己的观点。同时,通过有针对性的生涯规划教育,引领学生认识自我,从而高质量地推动生涯发展。在这个过程中,家庭教育的配合、家长的指导也不可或缺。

  1. 与学生小李沟通

  当下,选择特长发展,还是普通文化发展?对此每个学生都有自己的想法。学习成绩不理想的学生,一般都会选择向体育特长或艺术类学科方面发展,也有少数学生是因为爱好体育、音

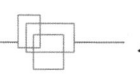

乐或者美术,而选择了特长发展。可以尝试如下的沟通方式。

班主任:"小李同学,在老师的眼里,你是一个性格开朗、乐于助人、与同学相处融洽的学生,老师很欣赏你的个性。不过,最近发现你有点闷闷不乐,有什么烦心事,能和老师说一说?"

班主任:"你很喜欢体育,又觉得自己文化课成绩一般,所以打算向体育特长生发展。但是这个想法遭到了父母的反对,他们不希望你学体育,要你踏踏实实地学好文化知识,以后能考上大学,找一份稳定的工作,情况是这样吗?"

班主任:"你的心情老师非常理解。其实,无论能不能成为体育特长生,作为高一年级的学生,目前最重要的还是要学好所有的功课。在这个基础上,再做好自己的学业规划。如果单凭体育特长,文化课不行的话,那么特长发展这条路也是走不远的。如果文化课基础夯实了,那么特长发展更是如虎添翼。"

班主任:"从另外一个角度思考职业发展,也不应只考虑自己的兴趣、爱好,还要考虑自己是否具备适合这个职业的能力。因为未来是多变的,能够适应这种变化的最根本的要素是人的能力。因此,在设计未来的人生愿景时,老师建议你要调整好自己的心态,先别急着定下一定要做体育特长生的目标,而是先把文化课学好,为自己打下扎实的基础,那么以后的选择机会一定会更多。"

在与学生语言沟通的同时,要积极尊重对方,要与学生和平相处,平等地尊重学生的意愿,与学生共情。同时也要引导学生对人生做出规划。

2. 采用集体教育原则,引导高中生做好学业规划

进入高一后,有些学生一时适应不了高中阶段的学习生活,出现因学习成绩平平而导致自信心不足等问题;也有的学生和小李同学一样,想从特长方面发展;还有的学生,未来目标不清

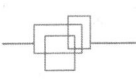

晰，感到困惑和迷茫。所以，班主任有必要以"梦想，从这里启航"为主题，召开一节班会课，主要环节设计如下。

第一个环节：畅谈梦想。

伴随着背景音乐，插入一段学生高一生活的影片，引出开场白。

班主任："同学们，小时候你的梦想是什么？"

班主任："进入高中后，你的梦想有没有改变过？现在的梦想又是什么？……随着年龄增长，人的想法会变化。有的人越来越不敢有梦想，也越来越不敢去追随它。梦想，是人的奋斗目标，有一句俗话是这么说的——只有想不到，没有做不到。今天，我们一起来探讨'我的梦想'这个话题。"

第二个环节：质疑梦想。

组织学生微辩论：是梦想比现实重要（正方观点），还是现实比梦想更重要（反方观点）？

预设：在唇枪舌剑中，正反两方不断交锋，纷纷摆出自己的观点。

小结：因为有梦，即便无法实现，你的生活也会因此而变得与众不同；因为有梦，即便最后失败，你的人生也终将熠熠生辉。所以，人如此需要梦想，是因为它赋予人生以价值，让人找到奋斗意义。

第三个环节：如何实现梦想？

播放《两兄弟爬楼梯的故事》，提问："听了这个故事，同学们得到什么启发？"

小结：人生有梦想固然很重要，但如何实现梦想更加重要。通往梦想的路，没有捷径，只有在实践中脚踏实地地做，发现自身的不足，然后及时调整，才能最终抵达梦想的彼岸。

第四个环节：做好发展规划。

下发表格，让学生对自己未来的十年人生进行规划（播放背景音乐）：

十年后，我期望自己成为_____。

现在我确立的梦想是_____。

规划的几个方面是_____。

小结：无论梦想大小，都得遵从自己内心的意愿；每个同学都可以立足当下，追逐梦想。

3. 与学生家长沟通

班主任："小李的家长，您好！最近小李同学的情绪有点低落，他原本是很开朗乐观的。孩子的情况，您了解吗？"

班主任："我找过他谈心，了解到一些原因，所以今天想找您做一次沟通。"

班主任："首先，我非常理解家长对小李的要求。如果换成是我，或许也有与您一样的想法。毕竟，高考时选择的专业多，考上的机会也会多。如果单凭体育特长参加高考，以后就业确实会有更多的担心。但是，家长也要站到孩子的立场去考虑，可以通过交流，了解孩子的真实想法。对此，要尊重孩子的自主选择，而不应该简单地反对、阻止。"

班主任："其次，和您探讨一个问题——培养特长与文化课学习有没有矛盾？这个问题是家长们普遍关心的。可能您会觉得，孩子选择了体育特长，就会放松文化课的学习，这种担心是可以理解的。对这个问题，我的观点是：在特长训练过程中，孩子的注意力、观察力、记忆力、想象力等都会得到发展，这有助于文化课的学习；孩子通过特长培训学习，比起一般学生来，会有一种超乎别人的优越感和成就感，这可以增强孩子学习和生活的自信心；还有，体育训练可以提高孩子的身体素质，增强体魄。因此，只要好好引导，孩子的特长培养与文化课学习是可以互相

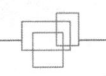

促进、共同发展的。"

　　班主任:"我的建议是家长先别急着阻止孩子的想法,要与孩子好好沟通,尊重孩子的意愿,因势利导,再进行必要的职业规划指导。"

　　家长有自己的观念,教师也有自己的想法,当两者不谋而合时,则家校协同的力量巨大。当两者观念出现巨大冲突时,则沟通不畅。班主任要常与家长沟通,避免出现误会,引起不必要的矛盾,同时也要对家长做好家庭教育指导。

【拓展延伸】
家校有效沟通的"三三三"原则

1. 家校有效沟通的"三备"

　　一备家长基本情况。班主任要清楚了解家长的职业身份、家庭结构、教育愿景、来访时间等基本信息及概况,掌握基本情况是做好沟通前的关键。

　　二备家长来校需求。班主任要知晓家长来校意图,充分了解家长需求是促成有效沟通的核心。

　　三备家校沟通方案。班主任根据家长需求找准学生存在的问题,确定沟通方式、拟定沟通方案,有针对性地和家长沟通。

2. 家校有效沟通的"三忌"

　　一忌平时不反馈,有事请家长。当学生有了异常的"苗头",班主任可借助微信或电话及时与家长取得联系,了解"苗头"背后的原因,让家长有个心理准备。

　　二忌站位反方向。当与家长面对面沟通时,班主任一定要让自己的言行体现出来的是和家长站在同一位置,而不是把问题学生一股脑儿推向家长,所谓"爱生如子"是每一个教师工作的出发点,这样教师与家长会更易接近。

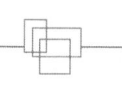

三忌学生犯错而责备家长。尽管我们明白每一位问题学生背后可能有位问题家长，但家长毕竟是成年人，有尊严和面子，所以与家长面对面沟通时，就事论事，有问题想办法解决问题，切不可盲目批评家长。

3. 家校有效沟通的"三要"

一要沟通结束后关心不能断。家校沟通结束后，最好询问家长有没有其他诉求，并给予相关指导，以便赢得家长再支持。

二要对沟通的情况进行跟踪和反馈。达成共识后，班主任要经常跟踪、关注对应学生，同时将必要的情况及时反馈给家长，以便家长掌握相关情况。

三要指导家长积极配合并进行必要的鼓励。当家长"煞费苦心"之后，学生表现不好会使得有些家长逐渐失去信心，这时班主任对家长的鼓励尤为重要，这样也会增强家校合作的热情。

第三节　积极求助式沟通

印度哲学家克里希那穆提说："不加任何评价的倾听，才是真正的聆听。"所谓积极求助式沟通，主要是指家长遇到了棘手的教育问题，需要向班主任求助。班主任作为专业的教育者要给予家长正确且科学的家庭教育指导。

现实生活中班主任遇到家长的积极求助式沟通大概源于三种情况。首先，家长遇到了学生成长中从没有遇到过的困境，需要向班主任咨询或倾诉。在这种情况下，家长一方面希望得到班主任的指引，另一方面则是向班主任表达作为家长的无能为力。其次，家长遇到了"侵权"事件，感觉作为家长有家校合作方面的委屈，需要班主任协助解决。最后，学生在校出现了突发状况,需要班主任立即帮助解决。

当遇到家长积极求助式沟通的时候,作为班主任要做一个耐心的倾听者,帮助家长在学生的成长困境、家校合作困境中寻找良策,共同助力学生健康成长。

一、习惯矫正

"少成若天性,习惯如自然",习惯矫正是家长与班主任积极求助式沟通的最常见的内容,尤其是小学阶段。学生在成长过程中学业结果往往是一个阶段才能呈现一次,而习惯培养确实是家长和教师每天都关心。

良好的习惯养成是学生一生都受用的财富。有调查显示,人们的日常活动的90%源自习惯。而面对习惯的培养,家长要有基础的投入和引领,因为家庭是第一所学校,父母是第一任老师。

班主任要注意挖掘学生成长中潜在的好习惯,借助集体教育、平行教育让学生们互相影响,彼此促进。

学生若能在小学阶段养成良好的学习习惯、生活习惯,自然受益匪浅。但是习惯养成教育正是家长感觉和实践最难之处,他们往往对此充满疑惑,不知道该怎么办。在以往的家校沟通中,班主任更多采用的是"问责式沟通"和"反馈式沟通",令家长厌烦。家长只知道孩子的行为或者习惯出现问题,却不知道解决问题的办法,这也导致了很多家长的焦急,迫切需要跟教师沟通,寻求解决办法。

【情境案例】

小于同学做事、学习拖延情况严重,妈妈多次在家里陪伴、督促学习,但是作用不大。孩子在学习的过程中,一会儿说饿了,要去吃东西,一会说渴了,要去喝水,一会说憋不住了,想要去上洗手间。从一年级到四年级,孩子的妈妈逐渐疲惫,尝试多种方式,都以失败告终,甚至想要放弃孩子的学习。好在最终选择向教师求助,并表示一定积极配合老师对孩子进行教育。

【案例分析】

1. 学生对待学习缺少兴趣

因为多种原因,学生在学习上并没有产生多大兴趣,获得的学习成功经验较少,每次学习的过程都是痛苦的过程,自然在学习时采取"磨洋工"的方式,能少写则少写,能不写则不写。

2. 学生内心的逃避

在学习的过程中,学生获得的自我效能感较少,并未得到过相应的肯定,所以采用逃避的方式想要躲开学习。班主任不能对学生冠以"懒"的标签,否认学生曾努力过,殊不知很多学生是因为习得性无助,所以选择了放弃。此刻的他们只能通过逃避获得内心的平衡。"拖延"自然成为最好的方式,慢慢拖,慢慢延长时间,最后一切作业只能就此作罢。

3. 学生的学习习惯不佳

习惯的重要性不言而喻,不可否认,拖延的学生大多存在不良的学习习惯:写作业时桌面东西过多,导致注意力容易分散;不懂得规划时间,总是先玩后写,忘记时间;上课未认真听讲,导致作业根本不会……此类种种不良习惯,共同导致了学生的拖延,使得学生做作业越来越"慢"。

4. 与家长教育方式不当有关

每位拖延的学生背后都可能有一位不断催促的家长。从小,家长就少不了对孩子的唠叨:"你快点!快点!""哎呀!你怎

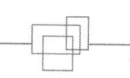

么又慢了!""这是你第十次慢了哦!"在家长着急的时候,孩子却不急。在家长着急的时候,孩子被反复强化"你慢了,你正在慢,你还在慢,你又慢了"。无数次的强化之下,孩子已经养成了"慢"的习惯。等习惯稳定以后,想要改变却是很难。

【家长有话说】

没想到我总是催促孩子快点快点,竟是孩子拖延的主要原因。每当他在那慢悠悠的,我就忍不住。直到我被他拖得精疲力尽。我也有自己的生活,我也想周末带他出去玩,亲近大自然,但是他周末作业就能拖两天,我实在受不了,只能向老师求助。为此,我愿意付出一切,只要能让孩子改变,能让我们彼此都轻松。因为我发现他的拖延已经不只是学习,甚至在生活中拖延的事情也出现了。

【方法策略】

1. 良好习惯早养成

良好的学习习惯无论从何时养成都不迟。班主任要建议家长从此刻开始帮助孩子养成良好的学习习惯。首先,家长可以和孩子商量,制订家庭奖惩措施,教师辅助实行。如果孩子在课堂上能认真听课则获得奖励,反之则为惩罚,不断矫正学生的上课不良习惯。班主任也可以利用课后时间帮助孩子辅导学习,提高学生的学习能力,增强学生的自信心。其次,家长在孩子写作业前,要求孩子处理好生理问题,不能在专心写作业过程中上厕所,只能在间隙时间上厕所。写作业前,孩子也要整理好桌面文具,不留过多东西,最好只留需要完成的作业和必要文具,其他东西全部放在旁边。

2. 虚拟时间具体化

小学生对虚拟的时间感受性不强,感受不到时间的快速流逝和做事的缓慢,不能自主监控时间,所以要用物化的方式让他感受到时间的存在。

首先,家长可以通过游戏的方式让学生感受一分钟时间的长短,比如一分钟测试可以写多少个字,一分钟可以做好什么事情,写完后发现一分钟竟能工工整整写下 15 个汉字。那 5 分钟,10 分钟呢?学生通过简单计算,会直观感受到时间的长度,原来在有限的时间内,在集中注意力的情况下,可以做这么多事。

其次,家长可以用沙漏或者计时器等事物让学生用直观形象的方式看到时间的流逝,让学生对时间形成具体的感受。当学生看到时间流逝得如此之快时,会不禁咋舌。当学生发呆时,可以拍拍他的肩膀,指指沙漏中漏下的沙子,很明显那些都是流逝的时间。而在发呆、玩其他东西的时候,时间就这样没有了,自己也就这样慢下来了。家校要保持教育的一致性,家长要开始管住嘴巴,不能总是催促,要在家里安排沙漏等事物,便于孩子及时知晓时间的变化。

最后,班主任也可以建议家长可以带孩子多玩数独、画迷宫等多种提高专注力的游戏,让孩子能在快乐中成长。

3. 合理规划有好处

教育问题的处理绝不是一蹴而就的,其自有反复性和复杂性。部分学生在校内比较乖巧听话,拖延问题并不严重,但是一旦回到家里宽松的环境时,就会以各种理由开始拖延。这时候家长就要和孩子商量合理规划各种事情,用规划取代父母的不断唠叨。

在家庭里,父母可以和孩子自行商量制订作业完成计划表,几点到几点完成语文，几点到几点完成数学等。其实，孩子如果能在校内延迟辅导时间专心完成作业的话，回来后所剩作业应该不多，这就需要家校之间紧密配合，并且班主任要对学生回家后的学习情况进行家庭教育指导。而且，几点完成作业，也要视孩子的专注情况而定。经过观察发现，孩子的专注力只能维持在 5 分钟左右，那么就暂定为 5 分钟一休息，这就是著名的番茄钟时间管理。所以，在计划安排中，孩子的玩耍游戏时间应该也在计划中，并且占有重要一环，这是专属于孩子的番茄时间，便于学生接受计划。如果时间到了后，孩子仍然没有完成作业，那也该严格按照计划表执行，该休息就休息。制订的规则需要遵守，如果孩子出现耍赖的情况，家长则需反复地强行让他遵守。著名心理学家埃里克森认为，如果孩子能够获得自我管理的机会和支持，他们就会发展出自主性和独立性。这也是孩子自由选择和自我控制能力养成的重要基础。因此，想要让孩子走向自主，就要在计划制订的过程中民主，在计划中也要给孩子留有自主时间。

4. 事情要区分轻重缓急

面对孩子的拖延，家长最经常的做法就是唠叨和不信任。这时候家长一定要管住嘴，多给孩子以鼓励。

有时候，制订计划时写作业和玩耍发生冲突，家长大多愿意孩子先写作业，写完再玩。但是孩子更愿意先玩，玩一会再写。面对这种亲子冲突，家长只能求同存异，只要孩子能按时完成学习任务未尝不可。时间管理大师史蒂芬·柯维提出过四个象限，即紧急且重要的事情，紧急不重要的事情，重要不紧急的事情，不重要不紧急的事情。孩子每次在列完计划后，家长不仅可以和孩子一起排排时间顺序，也可以跟孩子共同商讨事情的紧急重要程度。提前商量，有计划，完成度会更高。也许大人觉得写作业紧急,但是孩子会觉得,我要先画一幅画紧急,因为自己的灵感来了。这时候家长遵从孩子就好了,而且接下来孩子会带着愉悦的心情更加开心写作业。

根据"21天习惯养成法则",一个好习惯的养成真的需要长久的努力,对家长和孩子来说都是个成长的过程。

二、社交困惑

现实的教育生活中我们发现,中学生社交困境往往会带来一系列的成长困境,更有甚者会导致心理问题的出现。学生在校期间经常性出现的社交困扰有如下几种:社交圈单一甚至没有,与同学频频发生矛盾,无法通过人际交往解除矛盾,被同学们孤立,找不到同伴等。当学生遇到这样的问题,家长会非常焦虑,会不停地加强与班主任的沟通,试图通过家校合作帮助孩子解决社交困境,这种交流同样属于积极求助式的沟通。

【情境案例】

小琴同学性格很内向,她的家庭关系特别复杂,父亲在她四岁时抛弃了她和妈妈。小琴认为同学们看不起她,不愿和她交朋友,所以很少和同学玩耍。一天,小斌不小心把小琴的文具盒碰到地上,不但没捡起来,还恶语相向,其他的同学也无意帮助小琴。小琴想到平时自己的孤独,觉得班上同学都讨厌她,于是心灰意冷,爬到卫生间的窗户上想往下跳,幸亏被及时制止才没有酿成悲剧。

【案例分析】

从情境中的"认为同学们看不起她,不愿和她交朋友,所以

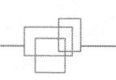

很少和同学玩耍"与"觉得班上同学都讨厌她"可知,小琴出现了明显的社交困惑,由社交困惑演变成社交困境,由社交困境引发了应激性事件——"爬到卫生间的窗户上想往下跳"。这种应激性事件既可以看作是小琴同学不懂得如何处理社交困惑,也可以视为学生用极端的方式进行积极求助式的沟通,她是期待教师和家长重视她的。之所以会出现这种情况,大致有如下几个原因。

1. 小琴的性格内向

性格内向本身并不是缺陷,根据每个人的性格特点与交往特点大致会分为内向和外向,内向和外向都是正常的性格状态。网络上也常用e人和i人来指代与人沟通过程中截然不同的两种性格。i人就是倾向于独处,不善于与人沟通和交流的内向型人格。情境中的小琴就是内向的人,不善于与人交流,更不懂得社交技巧。

2. 小琴家庭教育缺失

小琴同学家庭关系很复杂,在她很小的时候父亲抛弃了她和母亲。这样的家庭成长起来的孩子很可能是缺少父母的情感关注的,没有情感关注的孩子缺少应有的情感互动,这样家庭环境下的孩子怯于寻求关注,所以在后期的社交活动中往往选择一再退缩,委屈自己换取友谊。另外,家庭原因中还隐藏了另一个因素,家庭成员不完整给孩子带来自卑感,家庭不仅不是小琴交友的助力,反而成了社交恐惧的源头。因为她感觉自己被爸爸抛弃了,所以同学们就会看不起她。

3. 成长心理脆弱

一个人的心理承受能力比较弱,不能承受挫折或者面对很小的挫折都会表现出一些很极端的行为的心理,我们称之为心灵脆弱也叫脆弱心理。在本案例里有两个表现:第一,害怕被拒

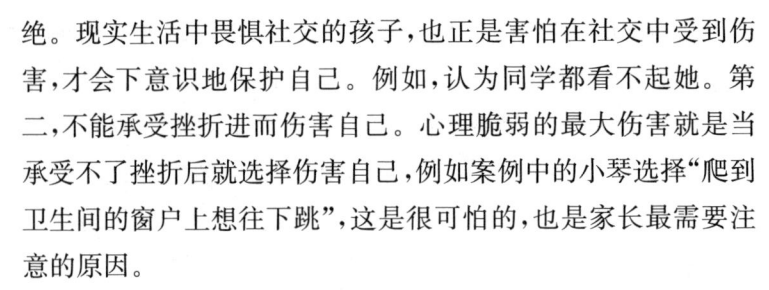

绝。现实生活中畏惧社交的孩子,也正是害怕在社交中受到伤害,才会下意识地保护自己。例如,认为同学都看不起她。第二,不能承受挫折进而伤害自己。心理脆弱的最大伤害就是当承受不了挫折后就选择伤害自己,例如案例中的小琴选择"爬到卫生间的窗户上想往下跳",这是很可怕的,也是家长最需要注意的原因。

4. 家校沟通低效

小琴同学由于社交困惑已经发展到想要轻生的地步,由此可见,来自社交方面的压力已经不是第一天了,面对如此恶劣的社交环境,家校之间应该多次沟通才是常态,只有多次沟通才能逐步帮小琴缓解思想上、行为上的极端。从结果上看,家校沟通在小琴的社交困惑问题上是较为低效的。

5. 社交技能欠佳

很多教师和家长并不知晓,对于青少年的社交技能是需要学习和锻炼的,总是把学生放置在学习环境中,在校是学习学习再学习,在家是辅导辅导再辅导,没有创造机会让孩子学会社交,那么孩子则会因为缺少社交技能而交不到朋友。

【家长有话说】

我们对孩子的学习成绩没有任何要求,只希望她能身心健康就好!在学校遇到的社交问题,我们做家长的真是无能为力,只能求助老师,希望老师能多开导她。我们也常和她说,多看看自身的问题,自己改了也就好了,但结果还是不理想。作为家长,我们既着急又无奈。

【方法策略】

从案例可知,小琴同学表现出的情况是典型的因为中学生

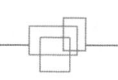

社交困惑而引起的应激性反应。从事情的紧急情况而言,最先要解决的问题是小琴同学的个人社交问题。根据社交困惑产生的原因,班主任的帮助办法总的来说是两个方面,即社交的内在环境改变与外部环境改变。内部环境广义的说是学生的家庭环境,狭义的说是学生对社交问题的自我认知。外部环境就是帮助学生形成社交能力的一切外部因素。

1. 家校协同,边界分明,高度重视学生的社交问题

当班主任或家长发现学生出现了社交问题,要及时与对方联系,确保家校合作在第一时间构建起对学生社交问题的重视网络。提及社交问题,我们大概率会想到的是遭受校园欺凌,被同学孤立等,其实社交问题是较为宽泛的概念,泛指学生在人际社交方面出现的成长困惑。这个成长困惑有的是来自学生自己反馈的,有的是来自家长和教师观察分析的。来自学生自己反馈的有被孤立,被欺负,被校园欺凌,不喜欢和人交往,不喜欢和异性交往等。来自家长和教师的反馈有"孩子没朋友""孩子交了坏朋友""说到朋友情绪十分低落"等。

一旦发现这样的问题,家校之间的沟通渠道一定要顺畅。例如坚持使用家校联系本或坚持让学生书写周记,通过家校联系本和周记了解、记录、反馈、沟通学生的在校和在家情况。针对社交困惑情况特别严重的学生,要召开家长会或单独约见家庭成员,互相沟通情况研讨办法,确保高频次的家校沟通。沟通中要避免的误区有沟通随意导致无主题,无典型现象,无对比效果;避免避重就轻不敢承担责任,逃避现实情况;避免充满抱怨,情绪不稳定,思路不理智等。

2. 丰富自我,强大内心,改变社交困扰的内部环境

这里指的内部环境主要是学生在看待社交困惑时的内心状态。当学生遇到社交困惑时,家长和班主任要方向一致,努力开

导。找到社交问题的原因所在,针对原因对学生进行个辅谈话,通过将心比心的交流疏解学生的心理郁结。

例如,针对案例中的小琴同学,她的个人心理还是存在很多的郁结。首先,"她认为同学们看不起她,不愿和她交朋友,所以很少和同学玩耍"。班主任与之交流时可以这样开导她:"小琴,老师一直都知道你的家庭情况。我一开始还担心这么小就没有爸爸的帮助,你会很需要别人帮助,但是老师发现你并没有让妈妈多吃苦,很多自己能完成的事都是独立完成的。老师发现别的同学做好多事都需要别人帮助,但你自己完成得又快又好,比如新学期整理书籍,放学后个人物品的收纳,最让老师欣赏的就是你对文具的整理。老师也经常听到同学们夸赞你这方面的能力。"

沟通意图:利用第三者效应,让小琴悦纳自己,真切感受到别人口中的她有很多令人羡慕的优点。

"今天被小斌撞翻了文具盒,你一定非常生气。如果是我,我也会很生气!旁边的同学也一定是气愤的。但是老师问过了,他们感觉以你的独立自主,自己能搞定,所以就没有人站出来帮助你。看吧!你给大家的印象是太自强了,老师感觉这个时候你也要传递出需要大家帮助的感觉,这样一定会有很多人愿意帮助你解决困难。"

沟通意图:自己人效应让小琴感受到来自老师和同学的共情。

"但是,老师今天还是要批评你一句。再生气也不能爬上窗台啊!还记得我们的班花是什么吗?对啊!就是苔花!苔花如米小,也学牡丹开。努力开花才是我们人生最有意义的事,你不等着自己的花开,怎么会知道自己的花有多么美丽啊!所以,任何事都不如独自绽放重要!朋友关系也像花开,只有耐得住等

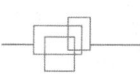

待,才能守得住花开,并且'一花独放不是春,百花齐放春满园',勇敢地去交朋友吧,就算不成功也是正常的,并不是所有的花都一起开放,是不是?"

沟通意图:通过语言引导,改变小琴对交友的认知,明确友谊虽然重要但不是最重要的,不是所有的友谊都一起来或者一起不来。

经过多次主题鲜明的沟通,要让学生强大自己的内心,正视社交问题,进而主动改变社交的内在环境。

3. 言传身教,营造氛围,发挥家长导行的核心作用

心理学研究发现,人在3岁以前就形成了稳定的内在关系模式,而且这个模式很可能持续一生,并且会经由养育传递给下一代。也就是说,父母的行为模式影响到亲子关系,也影响孩子的行为模式。

家长要充分发挥家长引导的作用,利用自己的社交力潜移默化地影响子女。夫妻之间的关系相处也是一种人际交往,只不过这种人际更为密切,是将陌生人变为家人的交往,所以处理好夫妻关系是给孩子社交力提升打下的底色。如果夫妻关系难以维持,也是正常的现象。在中止关系前双方要约定给孩子的成长营造一个良好的家庭环境,由家人的和谐转变为陌生人的和谐。让孩子明白在社交中无论是否遇到问题,自己的成长才是最重要的。

三、学业压力

在积极求助式家校沟通中,来自家庭的亲子矛盾往往是求助的主要内容之一。随着学生年龄的增长,亲子矛盾往往会按照一个固定的模式发展:孩子淘气—家长情绪控制力弱—亲子

冲突爆发——亲子关系疏远。解决亲子冲突的方式有很多种,在和家长沟通交流的时候可以建议家长从自身、对方、周围人的角度去寻找资源,尽最大的努力管理好自己的情绪。从孩子感受的角度看,"所有的亲子冲突,都源于孩子感觉不到父母的爱,都源于内心不被回应。因此父母对孩子逆反心理最好的回应,就是培养更牢固的关系,而不是依赖施压的手段"[1]。

升入高中以后,学生都会产生一定的学业压力。压力产生时需要家长与班主任一起帮扶使学生度过成长的瓶颈期,此时家长与班主任如果能够创设温馨和谐的校园学习氛围与理解共情的家庭教育模式,对于孩子来说是至关重要的,尤其是有些家庭本身有些残缺不完整,对于孩子的成长来说,已经有了成长环境的缺失,如果班主任与家长不给予孩子过多的情感支持,孩子常有挫败感压力感,容易产生一系列的心理问题,也会引发亲子沟通与师生沟通的各种冲突。

【情境案例】

高考前夕,王进妈妈向班主任赵老师求援。作为单亲妈妈,她希望成绩拔尖的儿子能考上一所名牌大学。而王进却认为考名牌大学太累,只想考一般大学。对此,王妈妈觉得儿子在自暴自弃,怎么对得起自己含辛茹苦对他的培养。可王进认为,妈妈这是在用爱绑架自己,而他宁可不要这样的爱。

【案例分析】

这是一个涉及母子关系、教育期望和个人选择的问题。

---

[1] 戈登·诺伊费尔德,加博尔·马泰.每个孩子都需要被看见[M].崔燕飞,译.北京:北京联合出版公司,2019:99-100.

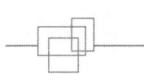

首先，亲子观念存在冲突。高考作为人生的重要节点，给王进和母亲都带来了巨大的压力和焦虑，这种压力和焦虑可能导致他们之间的误解和冲突。不过，本案例看起来是母子在高考志愿选择上发生了冲突，而问题的实质是双方怎么看待这份亲子之间的情感。王进和他的妈妈之间存在明显的观念和价值观冲突。从单亲家庭来看，单亲家庭因为缺少了一半的依靠，不少母亲或父亲都把孩子作为自己唯一的精神寄托。一旦孩子的表现不尽如人意，气恼和怨恨会一起涌上心头。王进的妈妈在儿子高考目标的定位上与孩子不一致，那是因为孩子长大了，在心理上走向独立，他有自己的主见，不愿意一切听从家长的安排，而其叛逆表现也往往十分突出。作为母亲，含辛茹苦地培养孩子，就是希望他能考上名牌大学。于是出现了分歧，引发了矛盾。

其次，家长过高的期望值。王进的妈妈对王进有很高的期望值，希望他能考上一所名牌大学。这种期望可能源于她自己的经历或者对儿子未来的期待。然而，这种高期望值可能给王进带来巨大的压力，让他感到无法承受。从王进的角度来看，他可能觉得妈妈并不理解他的想法和感受。他可能认为考名牌大学需要付出巨大的努力和牺牲，而他可能并不愿意为此付出这样的代价。王进和妈妈对于成功的定义和价值观可能存在差异。王进可能更注重个人的幸福感和生活的平衡，而妈妈可能更注重社会的认可和成就。这种差异可能导致他们在教育目标和方式上产生分歧。

综上所述，为了解决这个问题，母子两人需要加强沟通，充分理解对方的想法和感受，同时尊重对方的选择和意愿。母亲可以调整自己的期望，关注儿子的个人成长和幸福；儿子也可以尝试理解母亲的付出和期望，同时坚定地表达自己的立场和选择。

【家长有话说】

其实目前作为妈妈,我的状态也是需要调整的。孩子从小爸爸不在身边,孩子生活中没有父亲的角色,其实还是很缺少安全感的。我也渴望尊重孩子的意见,按照他的兴趣爱好去发展,但是目前社会现实情况就是要上好大学,才能有好的未来。我和孩子目前的压力都比较大,都觉得很迷茫,我们母子之间在进行着博弈,此时作为家长,我特别希望孩子的老师能够给予我们帮助,让孩子顺利跨过这个坎。我们也希望有个和谐的亲子关系。孩子从小到大,我们都在培养他懂得感恩,就是因为他没有感恩意识,所以才不懂父母的心。现在的孩子就是太过于自我,完全不考虑家人的感受。

【对策建议】

1. 与学生家长沟通,给她一些建议

第一,对孩子不要抱过高期望。孩子在厚望之下,往往压力过大,心理负担沉重。而在单亲家庭中长大的孩子,长期潜在的心理损伤不容忽视。一旦压力太大,就可能走向反面,索性不思进取,乃至"破罐子破摔",这是家长不希望看到的。

第二,不能以爱之名绑架孩子。家长以爱的名义代替孩子做决定,实质上是一种心理焦虑的反映。现实中,有些家长总认为自己的观点是对的,但孩子却不这样看。事实上,家长说的也并不总是对的。临近高考时,每个考生或多或少都会感受到压力,乃至出现考前焦虑症。此时,家长也可能会出现同样的焦虑,甚至比孩子更焦虑。在这个关键时期,家长应放平心态,不能抱怨孩子不听话,而应尊重孩子,正面引导孩子。只有真正进入孩子的内心世界,才能了解他的所思所想,才能与孩子融洽交流。

第三,从反面案例中获取启示。电视剧《小欢喜》中的离异妈妈宋倩,她生活的中心就是女儿乔英子。剧中的英子是她的全部,为了孩子,她甚至可以忽略自己的喜怒哀乐。"只要孩子快乐,我就快乐","孩子过得好,比什么都重要"。不得不说,这世上最伟大的爱,莫过于母爱。然而,妈妈的爱却让英子喘不过气来,致使她太压抑了,得了中度抑郁症,离家出走,甚至差点跳海自杀。因此,如果家长一味地抱怨"白养你了,你真没良心"之类的话,对孩子要求愈加严苛,以致到了不近人情的地步,那么孩子非但不会感恩,而且亲子关系也会越来越差。一旦某一天超出了孩子的承受极限,他便有可能走向崩溃,结果会更糟。

2. 与学生谈心,了解真实想法

班主任:"小王,你能不能说说,从小到大,妈妈做过的哪一件事让你很感动?"

班主任:"现在,你是不是感到妈妈给你的压力太大了?"

班主任:"妈妈的良苦用心你能理解吗?"

班主任:"对'可怜天下父母心'这句话,你是如何理解的?"

(预设:对于孩子,妈妈可以不计回报和得失地付出,甚至是无条件奉献自己力所能及的一切。)

班主任:"现在,你是不是想尽快逃离妈妈的控制?你此刻的心情,老师能够理解。"

班主任:"爱自己的妈妈吧,你将来也会有孩子。妈妈是你一辈子最珍贵的亲人,是你心灵世界最可寄居的慰藉。"

班主任:"你内心真正的想法是什么?如果你觉得自己的选择是正确的,那么就应该遵从自己的内心。"

3. 为亲子沟通搭建平台

在了解双方立场后,班主任可以组织一次母子之间的沟通会。以正确的方式和自己的至亲至爱进行沟通,真的很重要。

亲子矛盾的缓解，需要一位"老娘舅"出场。班主任可以担当"老娘舅"的角色，在上门家访中促使母子多沟通。最好的方法是让妈妈和孩子一起坐下来，心平气和地交换意见，表达彼此的爱。同时，教师委婉地向双方提出缓解矛盾的建议和希望。

在沟通过程中，班主任需要引导双方表达自己的想法，同时也要确保他们尊重对方的意见。班主任可以提醒王妈妈，虽然她希望儿子能考上名牌大学，但也要尊重儿子的个人意愿和选择。同时，也要让王进明白，妈妈的期望和付出是出于对他的关爱，而不是在"绑架"他。

【拓展延伸】

家校之间有效合作的 8P 模型

美国学者高德柏和克里斯滕森在其家校合作的书籍中提到 8P 模型，他们认为，开展有效的家校合作，需要具备 8 个要素。

第一个"P"(partnership)，代表教育合作伙伴。这要求我们要在家长和老师之间建立搭档的关系。

第二个"P"(plan)，行动计划。这要求我们在提出家校合作想法或者方案的时候，还需要一个具体的、可操作的行动计划。

第三个"P"(proactive and persistent communication)，代表主动而持续的沟通。它需要在家长和老师之间建立起主动而持续沟通渠道，我们双方在沟通的过程中都是主动者的角色，在需要的时候，双方都有责任和权利及时发起沟通，并且家校之间的联系是一个长期的过程，需要有持续性。

第四个"P"(positive)，代表积极正向的。这需要我们之间的合作和沟通的过程要尽可能是积极、正向的，是正能量的，而不总是遇到问题或麻烦的时候才想起来去沟通交流，也不总是在跟对方吐槽或抱怨孩子的问题。

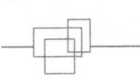

第五个"P"(personalized),是指个性化。它是指沟通和合作不仅要遵循一般性的沟通原则,在沟通方式、时间等方面的选择,还要尊重家庭和学生的个体差异。

第六个"P"(practical suggestions),是代表实际的建议。家长需要老师和学校提供一些实际的建议,它们会对家长起着引导性和指导性的作用。

第七个"P"(program monitoring),是方案监控。是指在提出家校合作的行动计划后,更重要的是如何更好地执行,并根据方案的效果评估,不断优化方案,所以我们需要有方案监控的过程,这样才更有可能不断完善家校合作的方案。

第八个"P"(attend to the process for building relationship with families),代表关注家校关系的重要性。其实也有一些研究认为,家校合作并不总能促进学生的发展,这得取决于家庭和学校之间是否建立了相互信任和支持,彼此尊重,沟通顺畅的关系。

第四节 被动回应式沟通

被动回应式沟通,主要是班主任与家长中的任一方或双方在家校沟通中被动。班主任的被动是指面对学生教育问题时是被动回应家校沟通的一方。这种被动回应有两种表现形式。

第一种是针对学生成长中长期存在的问题,家长先行与班主任沟通。这种沟通,家长会向班主任介绍孩子存在的问题,而且这种问题是长期存在的,比如生活习惯、学习习惯、性格特点等。家长是期待着班主任对学生有先行的了解和关注,希望班主任针对这些问题以后加强同家长的沟通和交流,这种沟通情

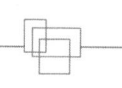

境下班主任是属于被动回应式的沟通。

第二种是班主任在与学生的相处中,面对学生成长问题,单独依靠学校的教育力量和教育方式,当诸多教育方式都作用有限时,才启动家校沟通的方式。这种方式可以理解为被动回应式的沟通,这种被动还可以体现在家校共同感知到学生成长不顺利的时候,班主任的主动性低于家长的主动性。

家校沟通中,家长的被动主要表现在当班主任反馈学生在校的不良行为或表现时,家长消极应对,不愿意与班主任深入探讨孩子存在的问题。这主要涉及两个方面的原因,一是与班主任的教育观念不一致,二是孩子确实存在很大的问题。家长也尝试去教育,但收效甚微。久而久之,家长对于孩子的行为习惯方面出现的问题采取回避的态度。这种沟通方式会使家长错过主动了解孩子在校日常表现、学习进度等诸多重要信息,更不能让班主任及时获得家长对孩子教育的想法和期待。

所以被动回应式沟通也是沟通的一种常用方式,本质上也是服务于学生成长的。虽然从主动性上看与常态化沟通和积极求助式沟通略有区别,但依然是践行班主任家庭指导的重要方式之一。

一、方法失范

家校协同,大部分情况下我们表达为家校合作。既然是合作就要权责分明。2021年10月颁布的《中华人民共和国家庭教育促进法》指出"家庭教育、学校教育、社会教育紧密结合、协调一致"。

家庭育人是家庭生活中,家长自发地、有意识地对子女进行培养身心素质、道德品质、行为习惯的教育活动,因特殊的亲密

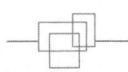

关系,具有不可替代性。对于家庭教育而言,班主任指导家庭教育很有必要,但这并不是对家庭教育进行颠覆性的重组,更不是让家庭教育牺牲个性化优势而无原则地趋同、配合学校教育,而是在面对学生成长中的问题时有着更多维度的帮扶方法。

【情境案例】

小王已经是六年级的学生了,但是课堂上随意性较强,想趴下就趴下,想起来就起来,即使坐在凳子上也是扭来扭去。高兴时候,他还能在教室里走一圈。他的行为已经明显影响到教师的正常上课和学生的正常学习,甚至部分学生还有样学样,导致班级风气不佳。

为此,班主任想过很多方法纠正学生的行为,但是都没有取得良好效果。后来,班主任只能联系小王的家长,且主动与小王的家长进行过多次沟通,家长表面上答应得很好,但是对孩子并未采取什么教育措施,导致孩子并没有什么变化。随着小王年龄的增长,他在班级的破坏力越来越强。

【案例分析】

小王的行为经常不能自控,有可能是多方面原因造成的。

1. 生理的原因

当学生的行为不能自己控制时,班主任可以考虑学生是否存在多动症等生理性疾病。案例中小王同学虽有类似行为,但是并非完全不受控制。在公开课、物质奖励下,小王同学也能做到长时间坐正。

2. 规则意识较弱

学生心目中对规则的认识,对外界事情的边界感决定了学生对规则的遵守程度。在幼时,学生能够感受到遵守的好处,意识到遵守规则的重要性,自然在长大后会遵守规则,反之则不然。案例中,小王同学的行为不良,也许并没有想过控制自己的行为,也许想过控制,但是早已缺少恒心。

3. 家庭教育观念不正确

学生的行为不良,究其原因可能是受家庭成长环境的影响和家长的家庭教育观念不正确。由于家长从不重视学生的规则培养,导致在家庭教育中对学生缺少规则的要求。长此以往,学生头脑中自然没有"规则"。案例中,虽然班主任与父母多次沟通,但是家长并没有采取任何教育措施,这也导致了小王同学的不良行为随着年龄的增长不仅没有得到改善,反而不断强化。

【家长有话说】

孩子的习惯太不好了,我们做家长的特别担心他后面的行为是不是适应学校生活,在家里也强调了,也要求了,就是不见效果。老师您是专业的,你看怎么办,我把他交给您了,是打是骂随您,只要他有改变就好。我是一点办法都没有了。

【方法策略】

1. 主动沟通,寻求协作

不可否认,班主任的教育生涯中会遇到很多崇尚自由教育或者认为教育都是学校事的家长,在他们的观念中,希望教师能不找自己最好。除此之外,班主任也会碰到很多看起来像很有教育经验,但是教育方法错误的家长。班主任要知道这些家长的行为都是由错误的教育观念所导致的。面对这样的家长,班主任不能避而远之,反而要迎难而上,积极采取教育措施,持续发挥学校教育的主导作用,减少后期矛盾的出现。

班主任可以通过学校之力举办家庭教育讲座、亲子运动会

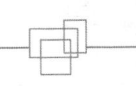

等活动,更新家庭教育理念。借助家长会、家长开放日等重要时间,增进家校间相互了解,为良好的家校沟通打下基础。

当然,班主任要特别重视家访工作,并持续做好到家访问,在一对一的沟通中呈现自己的教育观念,并倾听家长的心声,做出有效的家庭教育指导。班主任也要不断渗透家校合育的理念,让家长慢慢转变。

2. 侧面反馈,找寻问题

教育方法失范的家长可能没有意识到自己的教育方式出问题了,他们都是从自己的成长经验和被教育经验中积累教育经验,并且复刻在孩子身上。当然了,这些教育经验都可能有一定正确性。

就拿自由教育来说,卢梭就是自然主义教育的提倡者,他认为教育的任务就应该顺应儿童天性。他的教育著作《爱弥儿》开篇第一句就是:"出自造物主的东西都是好的,而一到人的手里,就全变坏了。"自由教育肯定是有一定道理,但是一味地遵从孩子的内心,给予孩子自由,片面强调孩子的个人作用,是不是会陷入溺爱教育的圈子,是否在日后会让孩子变得无法无天,缺少规则和纪律意识?

本着认真负责的态度,班主任既要肯定家长教育方式的正确性,从家长角度找到共情,还要指出该教育方式的不正确之处,建议父母做理性判断,选择正确的方法,引导孩子成为积极健康向上的公民。

班主任单方面的反馈次数较多,会让家长有抵触心理,甚至认为班主任对自己孩子有意见。因此,要发挥教师群体和班集体的力量,让其他科任教师和其他学生在合适的时候可以向家长反馈孩子的在校表现情况,通过各方面反馈让家长真心感受到失范的家庭教育方式给孩子造成了不好的成长体验,且已经影响到别人了。

苏霍姆林斯基曾说:"没有家庭教育的学校教育和没有学校教育的家庭教育,都不可能完成培养人这一极其细致而复杂的任务。"转变孩子,班主任需要想方设法多加努力,但是更需要家校协作。家庭不变,想要孩子改变太困难了。只有调动家长心理,才能让家长有所转变。

3. 制订规则,共同遵守

规则是能束缚人的,信任是人与人相处的基本原则。学生、家长、教师都希望自己能够被他人接受。人本主义者马斯洛的需要层次理论认为,动力来源于人们的某种需求,而需求可以分为生理需要、安全需要、社交需要、尊重需要、自我实现需要。每个人都有社交的需要,而社交就需要遵守大家共同制订的规则,这就是班级公约。对待不同的方法失范家长,可以制订不同的规则,彼此约束,约束家长和学生,也可以约束教师。

一般情况下,学校、家长、学生可以制订如下规则。

(1) 在校规则

班主任要及时关注学生情况,能够与学生每天沟通一次,有特殊情况要及时跟家长沟通。学生遵守课堂纪律,课堂上不大声吵闹,不随便下位,有事情也可私下跟教师沟通。

(2) 家庭规则

家长做好榜样示范作用,能够注意文明语言,每天与孩子沟通一次,了解孩子在校情况。学生能够逐渐加强自律性,每天复习当天学习内容,完成当天作业。

学生在家庭里面的规则可以一月或者一周一换。第一周目标是在家里坐正,第二周目标是能完成作业,以此类推。规定制订好之后,可以随着实际情况不断进行调整,直至双方达到舒适的状态,既能成长,又不抗拒。有规则约束自然是好,但是教育

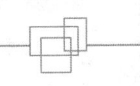

存在反复性,任何问题行为的矫正均不可能是一蹴而就的,这就需要班主任更加有耐心,也需要班主任多与家长沟通,做好督促工作。

4. 记录成长,互相信赖

班主任可以主动把校内与学生沟通的情况和为改变学生所做出的努力及时反馈给家长,让家长知道班主任对学生的帮助。同时,班主任可以随时分享学生做事进步的图片,有午睡时候安静趴下、帮同学擦黑板、安静做操、帮老师整理作业本……一张张照片、一张张记录纸都能让家长直观地看到孩子的进步,随之密切的就是家长和班主任的合作力、信赖程度。学生的教育离不开班主任和家长的信任与协作,只有二者指向同一目标,才能促进孩子的进步。班主任在被动回应时,要积极努力采取措施,变被动为主动,发挥教育智慧,与家长共同解决教育难题。

二、家庭矛盾

一个人成长中最重要的关系就是与父母的关系。孩子在小的时候,是在父母的关爱中成长起来的,长大以后也自然会与父母保持着良好的亲情关系。对于成长中的孩子而言,家庭关系是人际关系的基础,良好的家庭关系才会有良好的人际关系。对于家庭关系而言,夫妻关系是家庭关系的核心,良好的夫妻关系是孩子成长中坚实的人际关系基础,这里有心理层面的也有情感层面的。家庭不和睦,对孩子的伤害不可逆。这个求助式沟通往往班主任的作用力并不是很大,正向的影响往往仅在孩子的认知层面起作用。

【情境案例】

刚刚步入初一,小英同学情绪比较低落,体育课经常借故生病留在教室。班主任发现后电话联系小英妈妈,妈妈哽咽地说:"老师,前段时间我和她爸爸离婚了,小英的状态很不好。她这个周末加入了一个群聊,里面有不少生活状态消极的人,她也说过想结束生命。我现在不在孩子身边,真的太担心她了,你能帮帮小英吗?"

【案例分析】

根据情境可知,刚刚步入初一的小英同学情绪比较低落。为什么低落呢?小英的妈妈分析是因为她们的家庭矛盾导致小英情绪低落。难道只有这一个原因吗?一定不是的!家庭矛盾是导致小英同学情绪低落的主因,但绝不会仅仅因为这一个原因就让孩子出现如此大的情绪变动。作为班主任,要善于从多个维度去分析孩子变化的原因。

首先,家庭矛盾是情境的主要原因。母亲的猜测,小英的近期变化都显示着家庭矛盾对孩子的影响。现实生活中也确实如此,父母的家庭关系不和谐一定会导致孩子缺失安全感,进而产生情绪变化,更严重者还有因为家庭矛盾导致心理变化,尤其是刚刚步入青春期的初中学生。孩子在 12—18 岁这个时期处于"自我同一性"与"角色混乱"的青年期,父母是孩子此时心理健康发展最重要的引导者。当孩子在家庭里获得的期待与实际生活中差异巨大的时候,情绪问题或者心理问题就会伴随出现。情境中的小英遭遇家庭关系发展不和谐的变故,整个身心处于缺少归属感,感受不到关爱的感受中,在家庭环境中完全无法形成一个清晰的自我认同感,所以出现了案例中的现象,甚至已经有了轻生的念头。

从这个角度出发，可以判定家庭矛盾会给孩子带来巨大的不安全感，带来对自己角色定位的不清晰，带来处事消极无欲望的人生态度。

其次，小英的人际关系也出现了问题。直接原因是小英同学刚刚升学到新初一，对周围的学习环境、人际环境的感受都是陌生的。小学时亲密小伙伴都不在自己身边，缺少了原本会治愈她一部分心结的友谊。间接原因是告别了熟悉的校园、熟悉的教师、熟悉的同学，本来应该有着新学期新起点的兴奋，可是一想到自己家庭的变故，父母离异，自己家庭不完整了，和周围同学一起上课玩耍的时候脑海里充斥的都是自卑，时刻担心被新同学知道了她的家庭是破碎的，并且是刚刚破碎的，所以她不想靠近人群，一方面是为了保护自己隐私，另一方面是不知道如何与新同学相处。正常的课堂还好用冷漠掩饰自己不善于社交或不愿意社交，可到了互动感较大的室外体育课时，不得不用逃避的方式来掩盖。

最后，小英的不理想状态也来自家校协同育人做得不充分。小英加入一个特别消极的群聊，大家探讨结束生命的话题，这个现象告诉我们小英还真是希望和别人交流的，内心里也是渴望有人能倾听她的真实想法的。只有在这个群体里她才感觉自己的需求得到了满足，失去的归属感渐渐找回来。小英同学希望倾诉自己的心声，内心深处也想拯救自己，但自己没有方法也没有能力。并且通过情境可知，她不仅仅是没有能力，她还缺少最基础的生命意识。这样一个状态下的小英，家校之间应该是更加频繁的沟通，通过学校的力量给孩子注入心力，通过学校的力量缓解学生家庭矛盾对学生的影响，通过学校指导家庭教育让小英的父母更多地陪伴孩子，更多地呵护孩子的成长。

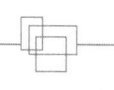

【家长有话说】

　　我们一直都想告诉孩子一个道理,大人之间的关系不影响我们爱她。虽然我们不是夫妻了,但我们还是朋友,还可以一起爱着她,但是她不理解,也不接受。她把父母的关系看得比她自己的生命还要重,这样让我们很担心。老师能不能告诉孩子,每个人都有追求幸福的权利,离婚的也不只有我们家,这在全世界都是很普遍的,为什么孩子就不能接受呢?

【方法策略】

　　1. 正视家庭矛盾,将影响降到最小

　　家庭矛盾的存在是正常的。无论是夫妻还是亲子,在家庭生活中由于情绪不和、意见不一致、生活方式有分歧等,都会引起家庭矛盾。有的家庭会因为家庭矛盾而导致家庭关系破裂,夫妻离异或分居等。这种家庭成员的相处方式对学生的身心健康、心理成长、情感认知都有很大的影响。

　　如何减少家庭矛盾对学生的影响呢? 可以尝试做到以下几点。

　　首先,尽可能避免家庭矛盾的出现。家庭成员之间应互相理解,互相关心。无论遇到什么事,都要以情绪稳定的协商方式解决。因为当情绪不可控时,语言也是不可控的,所以尽量让矛盾不出现或者以最小的影响形式出现。例如,一定要避免当着孩子的面剧烈冲突,避免强行让孩子选择跟爸爸还是跟妈妈,最好的方式是在孩子知道前化解矛盾。

　　其次,如果矛盾无法避免,要提前引导孩子直面家庭矛盾。在夫妻双方进行家庭教育的同时,尝试告诫孩子父母之间有矛盾不等于家庭关系出了问题。如果家庭关系出了问题也是成年人正常的处事方式,解决问题的同时也是融合家庭成员关系的过程。从案例可知,这个妈妈应该一直没有和小英同学做深度

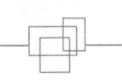

交流,所以小英同学对于父母的离异是有心理隔阂的。家长要告诉孩子:爸爸妈妈之间的矛盾只是代表他们两个人之间出现了矛盾,大人之间的矛盾暂时没有想到更好的方法解决,但是不代表对孩子有什么意见,如果父母之间的夫妻关系有改变,也不要惊慌,因为父母对孩子的爱不会改变。

2. 加强校家社协同,将帮助贯彻到底

如果家庭矛盾已经给孩子带来了伤害,我们可以尝试借助校家社协同的方式对孩子实施帮助。班主任以主动观察、主动介入、主动帮助为主。当教师发现学生在学校出现了明显的不同时,可以为她做三件事。第一件事,鼓励学生之间积极沟通。引导和教育学生积极参加团队活动,尤其是一些室外活动;上课的时候同学之间积极互动,互相帮助。第二件事,教师积极与学生沟通。让学生对教师充满信任感,能够主动将自己的成长困惑告诉教师。当学生向老师倾诉的时候,其实已经是被动回应式沟通,教师要积极回应这种求助,才会获得学生的信任。第三件事,建立好沟通档案,及时通告所有科任教师及家长,做到全方位、全过程、全员协同育人,共同帮助学生走出心灵困惑。

这个过程中,如果学生的情况并不是很严重,可以借助家长的改变来促进其改变。如果学生的情况比较严重,例如出现了较为明显的心理健康方面的问题,要积极求助社会资源,如社区、医院、青少年学习障碍治疗门诊、心理健康咨询机构等。在借助社会资源救助的同时要提醒家长重视问题。

3. 构建社交生态,让友谊治愈心灵

有心理咨询师根据自己过往的咨询经验,做出这样判断:中学生社交问题严重影响性格成长。根据咨询案例统计,上课注意力不集中,厌学心理等问题的背后都有同伴交往的压力和影响。

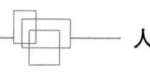

这个问题我们反向理解一下，健康自然的同伴社交有利于内向学生走出成长困惑，所以要积极为学生构建人际关系网。班主任要充分了解学生在班级有什么朋友，课余时间经常与谁共处。可以开设指导学生在新学段如何交朋友的主题班会，充分用好班级的人际关系资源，帮助学生建立一个适合友谊生长的小组。经常设计一些班级团队活动，活动过程和评价以小组为单位，促进各小组的建设，促进每个同学能够成长在集体里，收获在集体里。在这样的氛围里，通过班级社交生态的建立，引导学生们交朋友，通过同龄人的友谊来治愈心灵。

三、行为异样

家校沟通的内容随着学生学段的不同，家校沟通的内容也存在着差异。每年的5月25日是全国心理健康日，它的谐音是"我爱我"，提醒大家珍惜生命，关爱自己。

随着时代的发展，心理健康问题越来越受人们关注。心理健康是个多维度的概念，它不仅意味着没有心理疾病或障碍，更是指个体在认知、情感和行为上的健康状态。一个心理健康的人能够有效管理自己的情绪，建立和维护满意的人际关系，其中也包括家庭关系，有效发挥个人的身心潜能与积极的社会功能。我们要教会学生遇到困难时积极应对，不能改变时要主动接受。

【情境案例】

高二女生小李最近觉得学习压力特别大，还为学习问题与妈妈争吵过两次，因而心情郁闷，睡眠不好，课堂表现比较萎靡，多次被科任老师提醒，但收效甚微。这两天，她又从新闻中看到高中生跳楼的报道，以致担心自己也得了抑郁症，于是感到更加

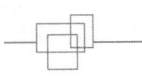

郁闷,不时有一些异常行为出现。老师也屡次把小李在学校发生的异常行为告知她的父母,小李的父母认为小李没有什么事,想开一点就好了,孩子过了这个时期就好了。还有孩子这样,也管了,但孩子也不听,他们也没有好的方法。

【案例分析】

当今,造成青少年学生"成长的烦恼"的主要原因有学业压力,以及亲子关系、同伴关系。本案例当事人小李由于学习压力大,与母亲有冲突,导致心情郁闷、睡眠不好,加之高中生跳楼消息的诱发,就猜测自己是不是也得了抑郁症。小李最近出现的心情郁闷、睡眠不好以及异常行为,主要原因可能包括以下几个方面。

1. 学习压力

高二年级经过分科调整,学生的学业竞争异常激烈,是学习水平分水岭阶段。学生通常面临着来自学校、家庭以及自身对未来发展的多重压力。这些压力可能导致学生感到焦虑、紧张,甚至出现抑郁情绪。

2. 家庭关系

小李与妈妈在学习问题上发生争吵,这可能导致家庭关系紧张,进一步加重小李的心理压力。家庭关系的和谐与否对孩子的心理健康发展有着重要的影响。

3. 新闻报道的影响

从新闻中看到高中生跳楼的报道,可能让小李对自己的心理健康状况产生了担忧。这种担忧可能进一步加重她的心理压力,使她感到更加郁闷和不安。

4. 缺乏有效的应对策略

面对压力和困扰,小李可能缺乏有效的应对策略,导致她无

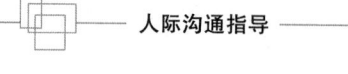

法有效缓解负面情绪,进而出现一些异常行为。

研究表明,心理状态不良的学生中,有90%的人都与家庭有关。有的父母管得太多,有的是父母不理解孩子,平常和孩子很少交流,也有的是父母过度关注孩子的学习成绩。这些都会造成学生情绪低落,或者情绪变化很大而无法控制,以及没有心思学习等问题。因而要解决小李的过度心理焦虑问题,首先得全面了解学生产生焦虑的原因,并了解家庭教育的状况,然后再给予积极引导。

【家长有话说】

作为家长,我是最想我的孩子能够改变。但是她现在的状态,作为父母,我们能做的都做了。每次老师跟我反馈孩子的问题,作为家长,我也觉得很崩溃,但是我们也没有什么好的办法带孩子走出当前的困境。我们也很希望老师能够帮助我们这个家庭,但是我们作为家长,也不知如何去做,我们希望老师能给我们指导。我们以前对她还有些要求,现在只要求她心理健康就好。老师也请帮我们关注她,学习成绩无所谓,我们从来都不给她任何压力,只要尽力而为就好。她觉得自己得了抑郁症,我们带她去过几家医院,诊断结果都是没有问题,她就是不相信,希望老师们帮我们开导一下她。

【方法策略】

1. 与学生家长沟通,了解情况

班主任:"小李妈妈,你们有没有发现小李的情绪最近有变化?"

班主任:"作为父母,你们需要倾听孩子说话,关注孩子的想法,要和孩子建立牢固的依恋关系。"

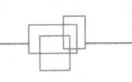

班主任：''在学校里，小李情绪低落，上课无精打采，没法集中精力。在家里，她对家长提出的学习要求非常反感，这些都是压力大带来的行为反应。''

班主任：''高中学生在不同的学习阶段会面临不同的问题。高一时，需要解决初高中学习方法的衔接与学习思维的转换。到了高二，经过一年学习，学生中分化现象日渐显著。学业优良的，自主学习能力加强了，容易获得成功的心理体验；另一部分学生则有较多的学习挫败感，容易因为偏科而出现自卑等情绪。在高三阶段，面对高考的压力与升学的担忧，有些学生因自我期望过高，加之父母的超高预期与要求，往往容易出现焦虑紧张等情绪。''

班主任：''对孩子，你们寄予怎样的期望，又是如何引导的？''

这些对话的目的是了解家长的想法和做法，从中发现问题。

班主任：''如果家长把主要精力和时间都放在孩子的学习成绩上，那么孩子的学业一旦受到挫折，就容易产生心理崩溃，自我放弃。因此，家长自己首先应该调整好心态，再培养孩子抗挫力，帮助孩子缓解压力。''

具体建议如下。

第一，家长要调整对孩子的期望值。孩子感受到学业压力后，很难在学校里释放自己的情绪。回到家里，家长要让孩子有休息和独立思考的时间和空间。面对孩子的情绪反应，可以创设一个让其独自''哭一哭''的机会。家长还要清楚孩子的能力阈限，不能超出他们的能力阈限提要求，不然孩子不但完不成学习任务，还会丧失学习信心。

第二，通过有效沟通，融洽亲子关系。''有效沟通''是指父母和孩子都可以说出自己真实的想法，即孩子在学习中遇到了哪些困难，希望家长提供哪些帮助，家长对孩子有哪些期望，这些

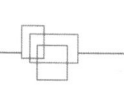

期望是否会给孩子造成困难等。家长与孩子日常交谈时，应注意让孩子先说，自己首先做一个倾听者、陪伴者；即使孩子表露出很多负面情绪，家长也不应该武断地进行指责，或者满不在乎、高高在上地进行指导。

第三，家长和孩子沟通时，要鼓励孩子把压抑在心里的话说出来，同时教给孩子正确的减压方法。如呼吸放松法，先深深地吸气，然后屏住几秒钟，再用嘴巴呼出。由此循环往复，直到自己感到身心放松为止。

第四，让孩子体验成就感。家长要善于发现孩子的进步和闪光点，并给予适度表扬，让孩子在成功中获得不同程度的满足感，进而体验成就感，激发进取心。这样，孩子才不怕去挑战学习或生活中的困难，也更容易从压力过大的困境中走出来。

2. 和学生谈心，缓解其心理压力

班主任："小李同学，老师发现你最近情绪不是很好，担心你的身体，也愿意帮助你，能告诉我是什么原因吗？"

班主任："学习压力大，与妈妈又发生了冲突，因此自己心情郁闷、睡眠不好，还担心得了抑郁症……你现在很郁闷，是吗？"

班主任："一个人的情绪无论好与坏，都是心理活动的正常反应。人遇到好事，会很开心，甚至兴奋；遇到不顺的事，自然就很郁闷。当然，一旦有了负面情绪，就一定要排解，调整好心态，让自己快乐起来。"

班主任："老师问你几个问题，你的学习目标是什么？你的学习动力是什么？你是如何看待自己的学业成绩的？"

预设：考上大学；以后找个好工作，或者父母要求高；成绩好，担心被别人超过，成绩不好，会被家长批评，于是恐惧、灰心。了解学生对自己的要求，然后因势利导。

班主任："老师知道你是一个积极上进的学生，但你有没有

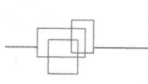

想过,无论考试成绩是好还是不好,总会给自己带来很多压力,这需要找出问题的根源所在。"

班主任:"每个人都要调整好自己的心态,正确看待学习成绩。考试实际上就是要发现自己的不足之处。成绩不如意,可以对自己的知识薄弱处有清醒的认识,从而让自己更有针对性地学习。学习做到有的放矢,以此提升愉悦及成就感,这样就在无形中缓解了学习的压力。考试取得好成绩,要学会享受学习过程,体验学习的快乐,获取成就感。"

班主任:"如果你感到压力大,可以试试老师给你提供的以下几种减压方法。"

具体方法如下。

宣避法。去找一些朋友、同学谈心说笑,或参加一些文体活动,使自己焦虑、郁闷的情绪得以宣泄。

理喻法。正确评价自己,既要看到自己的优势,也要看到自己的不足。对自己的期望值不要定得太高,适当调整一下个人目标,也许就能从眼前的困境中得到解脱。

意控法。不妨借助意念,自觉调节情绪,做到"遇事不慌","遇难不忧"。

劳逸结合法。科学地安排学习时间和休息时间,保证饮食合理。尝试以原有的生活方式"过日子",照顾好自己的身体,适当开展室内外运动,加强自我支持,提高身体免疫力。

3. 搭建家庭沟通平台,缓解亲子矛盾

小李和她的母亲曾经有过两次冲突,班主任通过与她们分别交流,为双方搭建沟通平台。一边鼓励学生毫无顾虑地充分表达自己的思想感情,一边引导家长学会倾听孩子的心声,关注孩子的心理变化,尊重孩子的人格。

请小李的爸爸妈妈说说,孩子从小到大成长过程中的有意义的事,家长对孩子的希望又是什么?

请小李说说,自己成长过程中感受父母关爱的难忘瞬间,自己对父母还有什么要求和愿望?

小李的妈妈回顾了从小到大养育孩子的种种不易,小李的爸爸也回顾了孩子小时候点点滴滴的趣事,小李从心底里讲出了感恩父母的话。当孩子和家长面对面地敞开心扉真诚沟通时,整个过程是那么温馨而感人,一切矛盾都化解了。

【拓展延伸】

家校沟通经常用到的心理学效应

第一个效应:多用"我们"——自己人效应。

所谓自己人,是指把自己和对方归于同一类人,使家长听后更加信任教师。

第二个效应:我也有孩子,我很理解你——角色置换效应。

角色置换效应的典型例句:

"我也有孩子,我很理解你。"

"换了是我也可能会那样做的。"

"如果你是教师,你会怎么做呢?"

第三个效应:废话也重要——调味品效应。

调味品效应也广泛应用于与家长的沟通中:

一把椅子,体现尊重;一杯热水,表达关心;一句寒暄,传递温暖。人的情绪和精神是可以互相感染的!

第四个效应:某老师说/某同学说——第三人效应。

心理学上把通过第三人佯作无意间转述他人的某种意见,或创造某种条件让对方间接地听到你对他的评价与关注,从而产生意想不到的传播效果或劝说效果的现象,称为"第三人效应"。

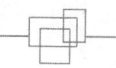

第五个效应:做真诚的倾听者——格林斯潘效应。

在家长和你说话时,请别忘了看着对方,并不时地做出回应,哪怕是"嗯""哦""啊"等应和型语气词。这对于融洽家校关系、提升对话效果十分重要。

第三章

生生交往　和谐发展

交往是一个复杂的过程，交往双方交流彼此的观念、感情、思想，交流过程中，进行沟通的双方互为主体，都有各自交往的意图、态度、期望、动机，带着一定的生活经验和定势。相互作用是指交往双方行为动作的交流，以保证交往的顺利进行。除了沟通和相互作用之外，人与人之间的交往过程中还存在着人际知觉，具体包括人对人的认识、知觉和理解。由此可以看出，交往是沟通、相互作用和知觉三方面的统一，它是生命的一种活动形式。其特殊性在于，在交往的过程中，一个人的世界对另一个人敞开，彼此传递文化和社会经验，这也是交往的社会意义所在。交往过程中，每个人都会表现出自己独特的一面，由此可以根据不同人的不同表现来判断他的性格特征、交往技能、文化和知识水平等。交往是人际适应与发展的重要形式和途径。当个体在面对新的环境时，会主动调适自己的心理和行为去努力适应新的群体，发展良好的人际关系。我们将此过程称为人际适应与发展。

按交往的亲疏程度划分，中小学生之间的交往包括同伴交往与社群交往。前者是亲密的、好友式的交往关系；后者指缺乏情感依赖，类似于合作协议的关系，如跨班级交流、校外辅导班中的沟通、网络联系、游戏搭子等。按照交往的性别划分，包括同性之间的交往和异性交往。其中异性交往的特征与问题更为

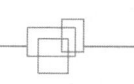

明显，是我们关注的重点。在这里我们将中小学生的异性交往定义为发生在学生群体中不同社会性别之间的交往行为，是学生人际发展的重要方面。此外，班集体是生生沟通的主要场域，班级风气、班级氛围是影响中小学生交往的重要因素，在此基础上形成的班集体交往也是我们关注的重点。

第一节 生生沟通的现状

生生沟通对于学生的学习和成长具有重要意义。它不仅能帮助学生建立友谊，还能促进他们在知识、技能和情感等方面的交流，有助于培养学生的合作精神、沟通和解决问题的能力。但在实际教育中生生沟通面临的挑战包括文化差异、性格差异、兴趣差异等。这些差异导致学生在沟通中出现障碍，影响他们之间的交流和合作。此外，随着互联网的普及，网络交往成为中学生人际交往的主流方式之一，这也对生生沟通产生一定的影响。

一、存在问题

学生之间的同伴交往和沟通是他们社会化的重要组成部分，对个人的成长和发展有着深远的影响。学生之间的交往和沟通是一个复杂的过程，受到各种因素的影响。学生之间的交往会受个人的家庭背景、成长中心理的差异、学校与教师因素等影响，会出现一些因个性不完善、社会技能不足、认知差异和自我为中心思维，而产生沟通不畅，从而引发同伴之间的冲突。这些问题可能导致学生在人际交往中遇到困难，影响他们的社交能力与心理健康。具体的学生交往中存在积极和消极两个

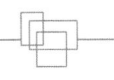

方面。

1. 积极方面

交流方式多样化。随着科技发展,学生可通过即时通信软件等多种社交媒体交流,突破了时空限制,能快速分享学习资料,从而提高效率,甚至还可以分享生活趣事。例如,在准备小组作业时,可线上讨论方案。

社交圈得到拓展。学校的各种社团活动让不同班级、不同年级的学生有机会相识,拓宽了交往范围,有助于培养团队协作能力和社交能力。

身心得到健康发展。有益于学生心理健康,帮助学生建立积极的同伴关系,提高他们的适应性和社交能力,促进学生的全面发展。

学业水平得到提高。同伴关系对学生的学业成绩有显著影响。同伴接纳和友谊关系与学业成绩正相关,而同伴拒绝则与学业成绩负相关。这表明,同伴之间的积极互动可以促进学业成绩的提升,而负面的同伴关系则可能对学业成绩产生不利影响。

2. 消极方面

过度依赖线上交流。部分学生在线下交流时变得沉默寡言,缺乏面对面沟通应有的情感表达和社交技巧,可能影响未来适应现代生活中的人际交往。

沟通冲突问题。由于学生性格、观念等差异,在沟通中可能出现矛盾,如因竞争产生嫉妒心理,在交流中表现出言语攻击等不良行为。而且在处理冲突时,有些学生缺乏正确的沟通技巧和包容心态。

沟通深度不足。在快节奏的学习生活和丰富的娱乐信息影响下,学生之间的交流往往停留在表面,缺乏对彼此内心想法、

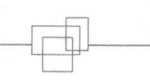

价值观等深层次内容的探讨。学生的网络社交行为表现出碎片化、浅层化、圈层化的特点。他们倾向于在社交媒体上进行浅层交流，缺乏深度的社交互动，这可能导致社交技能的退化和孤独感的增加。

二、成因分析

1. 交往问题

社交焦虑与孤独感。许多中小学生在人际交往中表现出明显的焦虑情绪，担心与他人交流时出错或受到嘲笑，从而导致他们避免参与社交活动，形成孤独感。这种孤独感不仅影响他们的心理健康，还可能造成学习成绩下降、行为问题增多等负面影响。

欺凌与暴力行为。中小学生中的欺凌与暴力行为是一个严重的交往问题。这些行为可能表现为言语侮辱、身体攻击、网络欺凌等多种形式，对受害者造成身心伤害。欺凌与暴力行为的发生往往与家庭、学校和社会环境等多种因素有关。

沟通障碍与冲突处理不当。中小学生在交往过程中，由于缺乏有效的沟通技巧和冲突处理能力，容易出现沟通障碍和冲突处理不当的情况。这可能导致他们与同学之间的关系紧张，甚至引发更严重的问题。

班集体交往问题凸显。一方面，有些学生之间存在着交往不够密切的情况。他们往往只和自己的朋友交往，对其他同学缺乏关心和了解。这种情况不利于班级的整体发展，也容易造成班级内部的小团体现象。另一方面，一些学生在交往中存在着沟通不畅的问题。他们在和同学交流时缺乏耐心和理解，导致交流受阻，甚至产生矛盾和摩擦。此外，班集体中的小团体现

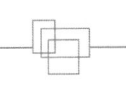

象也是值得关注的问题。一些小团体可能因为共同的兴趣或背景而聚集在一起,但他们的活动有时可能与大团体的规则或目标相悖。这种情况下,小团体可能会对大团体失去兴趣,从而影响整个班集体的凝聚力和向心力。

2. 问题成因

家庭因素。家庭是中小学生成长的第一环境,家庭因素对他们的交往能力有着深远的影响。父母的教养方式、家庭氛围、亲子关系等都可能影响孩子的社交技能发展。例如,过于严厉或溺爱的教养方式可能导致孩子缺乏自信和独立性,难以与他人建立良好的关系;家庭氛围紧张或冷漠则可能使孩子形成孤僻、内向的性格特点。

学校因素。学校是中小学生交往的主要场所之一,学校的教育环境、教师素质、课程设置等都可能影响学生的交往能力。如果学校教育过于注重学习成绩而忽视学生的社交技能培养,那么学生可能在这方面存在不足。此外,教师对学生的态度和行为也会对学生的交往产生重要影响。如果教师能够积极关注学生的交往问题,提供有效的指导和支持,那么学生的交往能力可能会得到更好的发展。

社会文化因素。社会文化因素对中小学生的交往也有着不可忽视的影响。不同的文化背景下,人们的交往习惯和规则可能存在差异。如果中小学生所处的社会文化环境缺乏包容性和多样性,那么他们可能难以适应不同的交往场景和对象,导致交往问题的出现。此外,社会文化中的价值观、道德观等也会对中小学生的交往行为产生影响。如果社会文化中存在过于强调竞争和利益的现象,那么学生可能更倾向于采用攻击性或自私的交往方式。

个人因素。每位中小学生的性格特点、兴趣爱好、认知能力

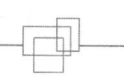

等都有所不同,这些因素也会影响他们的交往方式和能力。例如,性格内向的学生可能更难以主动与他人交往;缺乏自信的学生可能在交往中表现出退缩或回避的行为;而认知能力较弱的学生可能难以理解他人的意图和情感,导致交往障碍的出现。

三、方法策略

1. 加强学校教育引导,培养良好交往习惯

学校是中小学生交往的主要场所,因此学校教育在解决交往问题中起着举足轻重的作用。首先,学校应加强对学生的交往教育,通过课堂讲解、案例分析等方式,让学生认识到交往的重要性,了解交往的基本原则和技巧。其次,学校应积极开展丰富多彩的交往活动,如团队合作游戏、角色扮演、社交技能竞赛等,让学生在实践中提高交往能力。此外,学校还应建立健全的交往规则,明确学生在交往中的行为规范,对不良交往行为进行及时纠正和引导。

2. 发挥家庭教育作用,营造和谐家庭氛围

家庭是中小学生成长的摇篮,家庭教育对于孩子的交往能力有着深远的影响。家长应首先树立正确的交往观念,以身作则,为孩子树立良好的榜样。同时,家长应关注孩子的交往需求,积极与孩子沟通,了解他们的交往状况,给予及时的指导和支持。此外,家长还应营造和谐的家庭氛围,让孩子在轻松愉快的环境中成长,培养他们的积极情感和社交能力。

3. 优化社会环境,创造良好交往条件

社会环境对中小学生的交往也有着重要影响。政府和社会各界应共同努力,为中小学生创造一个良好的交往环境。首先,应加强对网络环境的监管,防止网络欺凌和不良信息的传播,保

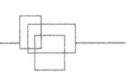

护中小学生的身心健康。其次，应丰富社区文化活动，举办各种形式的交往活动，促进中小学生与社区成员的互动和交流。此外，还应加强社会公德教育，提高公众的交往素养，为中小学生树立正面的交往榜样。

4. 提高中小学生个人交往能力，培养自信与尊重

中小学生个人交往能力的提升是解决交往问题的关键。首先，学生应增强自我认知能力，了解自己的性格特点、兴趣爱好和优势劣势，以便在交往中更好地展现自己。其次，学生应学会倾听与表达，尊重他人的观点和感受，同时勇敢地表达自己的需求和想法。此外，学生还应培养解决问题的能力，学会在交往中处理矛盾和分歧，维护良好的人际关系。

5. 加强心理健康教育，关注学生情感需求

心理健康是中小学生交往能力发展的重要保障。学校应加强对学生的心理健康教育，通过开设心理课程、开展心理辅导等方式，帮助学生建立正确的自我认知和情感表达方式。同时，学校和家庭应关注学生的情感需求，及时给予关爱和支持，帮助他们建立积极的人际关系。

6. 建立有效的家校合作机制，共同促进学生交往能力发展

家校合作是解决中小学生交往问题的重要途径。学校和家庭应建立有效的沟通机制，定期交流学生的交往状况，共同制订针对性的教育措施。同时，学校和家庭应互相支持、互相配合，共同为学生创造一个良好的交往环境，促进其健康交往。

在实践中，班主任需要根据具体情况灵活运用这些策略，注重因材施教、因时制宜。同时，还应不断总结经验教训，不断完善和改进这些策略，以适应中小学生交往问题的新变化和新挑战。相信通过家校共同努力，一定能够解决中小学生交往问题，为他们的健康成长和未来发展创造更加美好的明天。

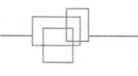

第二节 班集体交往

班集体交往是指班集体中不同主体，即学生个体、教师个体、教师群体、学生群体之间，以符号或实物作为中介而发生的直接的相互作用的活动。这种交往活动概括了全部社会物质生活和精神生活，是人与人之间的物质的和精神的变换过程，也是人与人之间交换其活动、能力及成果的过程。班集体交往主要是一种精神性的交往。虽然也要利用一些物质性的交往，但其根本目的是为了实现精神交往，促进学生的精神成长和发展。班集体交往的主体包括学生个体、教师个体、教师群体和学生群体等，他们之间的交往方式和内容具有多样性。班集体交往是一个相互作用的过程，不同的主体之间通过符号或实物作为中介进行交流和互动，对个体的发展和成长具有重要的影响力。通过交往，学生可以学会自我发现，理解他人，交流信息，沟通意见，交换思想，可以培养良好的情绪，开朗的性格和乐观的生活态度，从而提高学生的知识面和开阔视野。

为了促进班集体交往的健康发展，教师需要发挥其引导作用，帮助学生识别真正的友谊。同时，教师还应有计划、有组织地面向全体学生进行施教，发挥教师的主导作用，有效地节约教师资源，有利于大面积培养人才。此外，班级人际关系的结构也影响着班集体交往的效果。班级人际关系结构是指班级成员之间的相互联系、互动以及其所形成的格局。一个团结、和谐、凝聚力强的班级人际关系结构有利于促进班集体交往的健康发展。

班集体交往是一个复杂而重要的过程，对于促进学生的全面发展具有重要意义。教师需要发挥其引导和组织作用，帮助学生建立良好的人际关系，促进班集体交往的健康发展。

一、同桌交往

同桌交往在学生生活中占据着重要的地位，它对学生的学习、情感和社交发展都有着重要影响。然而，同桌交往也可能面临一些挑战。例如，同桌之间可能会因为性格不合、兴趣差异等原因而产生矛盾。此外，如果同桌之间存在学习成绩上的差异，也可能会对双方的学习动力和情绪产生影响。

学生与学生之间的交往是学生在校内的重要人际交往之一，这将直接决定他在校内的学习和生活是否愉快。但是其又有避开成人的隐秘性，因此学生在交往中的实际表现将是其最真实的状况。但是中小学生又因为年龄较小，认知较浅等特点，对交往中复杂的问题往往缺少应对的方法，会采取不正确的方式处理，进而导致学生之间的交往矛盾不断出现，此时需要教师精心准备，处理好学生交往矛盾，促进学生和谐交往。

【情境案例】

在一次课后延时服务时间段内，教室中突然响起了激烈的争吵声。原来是同桌的明明和朵朵之间发生了争执。朵朵一脸愤怒地指责明明越过了他们桌子中间的那条分界线，侵占了她的桌面空间。明明则委屈地辩解，他只不过是不小心越界，何况朵朵自己也经常将书本和文具随意堆放到他的桌面区域。随着两人声音的逐渐提高，渐渐引起了周围同学的注意。老师见状，急忙上前试图平息这场纷争，但双方情绪都十分激动，均不肯退让。整个课堂秩序因此受到了严重干扰，原本安静的学习氛围被打破，其他同学也因此无法集中精力进行学习。

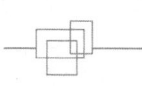

【案例分析】

在上述案例中，明明和朵朵之间的争执并非孤立事件，其背后隐藏着更深层次的原因，可以从以下几个方面对这场争执的根源进行深入剖析。

学生在成长过程中，对于个人空间的界定和维护意识逐渐增强。在学校的课桌分配中，每个学生都有相对固定的个人空间，这是他们学习、生活的小天地。当这个空间被他人侵犯时，学生会产生反感和抗拒，这是人的本能反应，也是个人边界感的一种体现。在明明和朵朵的案例中，他们之间的冲突正是源于对个人空间的争夺。

此外，同桌之间的相处之道也是影响冲突的重要因素。在长时间的同桌相处中，学生之间需要相互磨合、理解和包容。如果缺乏有效的沟通，很容易因为一些小事而产生误会和冲突。明明和朵朵在争执中，都没有能够很好地控制自己的情绪，也没有尝试站在对方的角度去理解问题，这导致了冲突的升级。

从更深层次的心理层面分析，这场争执也反映出学生在面对冲突时的应对方式。由于年龄和经验的限制，中小学生在处理人际关系时往往缺乏必要的技巧和策略。他们可能更倾向于直接表达自己的不满和愤怒，而不是通过协商和妥协来解决问题。这种不成熟的处理方式也是导致明明和朵朵之间争执不断升级的原因之一。

另外，从教育环境角度来看，家庭环境和社会环境也在潜移默化中影响着学生的行为模式。如果学生在家庭中没有养成良好的沟通习惯和解决问题的能力，那么在学校生活中遇到类似同桌争执这样的小问题时，就可能手足无措，容易使小问题演变成大冲突。

综上所述，明明和朵朵之间的争执并非简单的空间争夺问

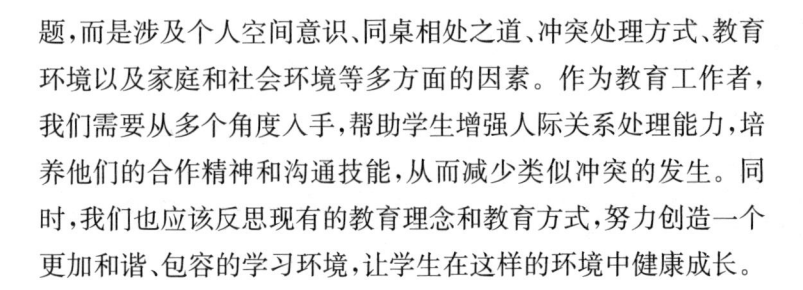

题,而是涉及个人空间意识、同桌相处之道、冲突处理方式、教育环境以及家庭和社会环境等多方面的因素。作为教育工作者,我们需要从多个角度入手,帮助学生增强人际关系处理能力,培养他们的合作精神和沟通技能,从而减少类似冲突的发生。同时,我们也应该反思现有的教育理念和教育方式,努力创造一个更加和谐、包容的学习环境,让学生在这样的环境中健康成长。

【学生有话说】

哼,小气鬼,我就超了点桌子的边界,她就这么生气。她的霸道我也是体会到了,她还把书本放在我的桌上,我也没生气。每次跟她说让她不要放我这里,她根本不理睬,我要跟小气鬼绝交。想想以前我还想跟她玩,当她是好朋友,现在我后悔了,以后再也不要跟她玩了。

【方法策略】

1. 加强情绪教育,提升情绪管理能力

亚里士多德曾说:"任何人都会生气——这很简单。但选择正确的对象,把握正确的程度,在正确的时间,处于正确的目的,通过正确的方式生气——这并不简单。"由此可见,能正确释放情绪是非常难得的一个品质。因此,班主任需要精心设计一系列情绪教育活动,以帮助学生更好地理解和掌控自己的情绪,促进同桌之间的良性交往。

针对学生的特点,班主任可以通过组织"情绪接力棒"这样的游戏,来加深学生对情绪状态的理解。在这个游戏中,让每个学生都有机会代表一种特定的情绪,如快乐、生气、伤心等,并通过面部表情、身体语言和声音来模仿和表演这种情绪。其他同学则需要通过观察这些表演来猜测所代表的情绪类型。这样的

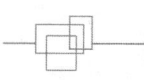

活动能够帮助学生更加准确地识别和理解不同的情绪,并提高他们的观察力和共情能力,为日后的情绪管理打下基础。

为了更系统地教授情绪管理知识,班主任可以定期开设情绪教育主题班会。在这些班会中,班主任可以通过讲解情绪的基本概念和情绪管理的重要性,引导学生认识到情绪对个人行为和社会交往的影响。同时,班主任还可以引入情绪日记本这一工具。在这个日记本中,学生可以记录自己每天的情绪变化,以及导致这些变化的事件和触发因素。通过回顾和分析这些记录,学生可以更加清晰地认识到自己情绪波动的模式和原因,进而学会预测和主动管理自己的情绪。

2. 促进同桌互动,形成良好沟通习惯

为了促进同桌互动,形成良好沟通习惯,班主任可以从明确沟通规则、鼓励自我反思与互相反馈,以及教授有效沟通技巧三个方面着手。

明确沟通规则是建立良好沟通的基础。班主任可以与学生一起讨论并制订同桌之间的沟通规则,如尊重对方的意见,不论是在课堂上还是课间休息时,都要保持礼貌和尊重。同时,强调倾听的重要性,鼓励学生在同桌发言时保持安静,认真倾听,不随意打断。这些规则的制订和执行,将有助于营造一个和谐、积极的同桌交往氛围。

曾子说:"吾日三省吾身。"定期的自我反思能帮助学生审视自己在沟通中的态度和行为,从而不断调整提升自身的认知。同时,同桌之间应互相给予真诚且建设性的反馈,这种反馈不仅仅是批评,更是对彼此在沟通中可取之处的肯定与鼓励。通过反思与反馈,学生可以更加明确自己在沟通中的长处与短处,进而有针对性地改进。

最后,教授学生有效的沟通技巧也是必不可少的。班主任

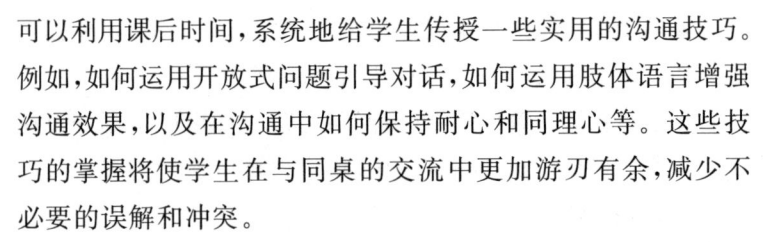

可以利用课后时间,系统地给学生传授一些实用的沟通技巧。例如,如何运用开放式问题引导对话,如何运用肢体语言增强沟通效果,以及在沟通中如何保持耐心和同理心等。这些技巧的掌握将使学生在与同桌的交流中更加游刃有余,减少不必要的误解和冲突。

3. 打造和谐班风,增进班级团队精神

"天时不如地利,地利不如人和。"同桌之间,应该是亲密无间、相知相助的学伴。为了深化同桌之间的友好交往,并以此为契机打造和谐班风,班主任可以通过日常的班级活动和课堂教育来实现。例如,定期组织一些需要团队合作才能完成的任务,如合作完成一份手抄报、一起解决一个数学难题等。通过类似的任务让学生在合作中学会互相倾听、互相支持,从而培养他们的团队协作精神。

在同桌交往中,班主任可以通过一些具体的活动来增进同桌之间的了解和信任。比如,设置"同桌日",在这一天里,同桌之间需要互相交流自己的兴趣爱好、学习方法和生活经历等,这样不仅可以加深彼此的了解,还能帮助学生发现同桌的优点,从而增进彼此之间的友谊。再比如,可以定期举办以同桌为主题的班级活动,如"最佳同桌"评选、同桌才艺展示等,通过这些活动让学生更加珍视同桌情谊,同时也为班级注入更多的活力和正能量。

此外,班主任还可以鼓励学生参与班级文化的建设,如共同制订班级规则、设计班级标志等,这样可以让学生更加有归属感和责任感,从而更加珍惜和维护班级的和谐氛围。在这样的班级氛围中,同桌之间的交往也会变得更加和谐愉快。他们会更愿意互相帮助、共同进步,形成一种积极向上的同桌关系。

在具体技巧的培养上,班主任可以从以下几个方面入手:一

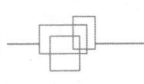

是倾听技巧,教会学生如何全神贯注地倾听同桌的观点和感受;二是表达技巧,训练学生清晰、准确地传达自己的想法和情感;三是同理心技巧,培养学生设身处地理解同桌的能力;四是冲突解决技巧,教会学生如何在遇到分歧时以建设性的方式寻求共识。这些交往技巧的培养,离不开家庭和学校的紧密合作与共同努力。只有家校双方真正做到志同道合、携手共进,才能为学生打造一个全方位的交往技巧学习环境,让他们在成长的道路上更加自信、从容地面对各种社交问题。

二、班干部越界

班干部团队是班级中负责管理和协调班级事务的学生群体。他们通常由班长、学习委员、团支书、体育委员、劳动委员、文艺委员等职位组成,每个职位都有其特定的职责和任务。

班干部团队在班级中扮演着重要的角色,他们是学生与老师之间的桥梁,也是班级内部的协调者和组织者。他们不仅要协助老师管理班级,还要组织各种活动,促进班级内部的团结和凝聚力。

然而,他们也可能会面临一些问题,如缺乏有效沟通和协调能力、缺乏权力和角色意识、成员不配合、与班级成员有矛盾等,从而不利于班集体发展。

【情境案例】

婷婷一直担任八年级二班的班长,她工作得力,很受班主任孙老师欣赏。可是,班上有不少同学不喜欢她,说她是"管家婆"。今年的优秀班干部评选投票时,她得的票很少。为此,婷婷情绪很低落。

【案例分析】

　　作为班长的婷婷，在班级管理中管得太多，长此以往，引起了同学们的厌烦，失去了同学们的支持。这样的结果并不是婷婷的个人原因导致的。因为学生对班长的不满意，直接反映班级学生对班主任班级管理方式、班干部选用的不满意。换句话说，婷婷班长的角色更像是班主任的"替身"，代为行使班级管理的权利，让孙老师从琐碎的班级管理中抽出身来，所以孙老师才会一直欣赏并认可婷婷的工作能力。

　　但这样的做法让同学们在班级中时刻感受到强烈的约束和不自在，积攒了同学们的不满情绪。班主任孙老师忽略对婷婷的指导和培养，没有及时发现线索和问题，最终造成多方伤害，使婷婷与同学之间产生对立，与同学之间信任感缺失。婷婷认为自己牺牲了很多时间为同学服务，同学却不领情。而同学们认为婷婷就是老师的"代言人"，所以沟通中双方都没有做到站在对方的角度思考问题。

　　作为班主任，应该以此为契机，通过班会课、班级活动等形式指导学生学会正确的交往，营造班级学生和谐友爱、互帮互助的班级氛围。

【学生有话说】

　　我一直以来都尽我所能，去为大家服务，帮助我们的班级变得更加和谐有序。我真的觉得我对这个班级付出了很多，也得到了孙老师的认可，这让我觉得自己做的一切都是值得的。可是，为什么班上还是有那么一部分同学不喜欢我呢？他们说我像"管家婆"，是不是我真的管得太多了？我这么做，只是想让我们的班级变得更好，难道这也有错吗？今年的优秀班干部评选，我本以为自己可以得到大家的认可，可是投票结果却让我很失

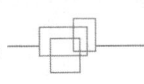

望。我得到的票数很少,这让我感到很沮丧,很失落。是不是我真的做错了什么？甚至我都开始自我怀疑:为什么老师认可的工作能力却得不到同学们的支持呢？我该如何做才能赢得同学们的肯定呢？

【方法策略】

1. 重新审视班干部角色

班级班干部群体是班主任形象的一种投射,是班主任的角色和为人在学生身上的反映。然而初中生的民主意识和自我意识仍不完善,导致他们在实际的班级管理中过分强调职位赋予自己的权威地位。

应该让班干部明晰自己的角色定位,班干部是班主任与学生间"沟通的桥梁",要把同学们的意见与建议反馈给老师,也将老师的要求与期待传达给同学。班主任应首先深入思考自己对班干部角色的认识,反思日常与班干部沟通中所无意识表现出的期待言行。同时,引导婷婷思考"班长的职责范围",明确班长的责任边界。

实际上,班干部工作是服务同学、协助老师,推进班级工作,促进班级和谐发展,本质上,班干部强调的是一种服务意识。班主任切不可把班干部作为自己管理班级的替身,或是布置在班级各个角落的眼线,这样的做法无异于饮鸩止渴,只会加剧班干部与班级其他学生的矛盾与对立,不利于班集体健康发展。此外,案例中没有提及的另一种班干部角色也应被谨慎对待,即忽视班干部的作用,认为他们仅仅是教师的"传声筒",在班级管理中得不到应有的尊重和支持。这样的做法会极大打击学生参与班级管理的积极性,不利于学生管理沟通能力的培养。

2. 注重对班干部的培养

班主任应给予婷婷鼓励和支持,与她一同查找原因,承担起班主任的责任,以榜样行为带领班干部成长。

具体方式包括:一是通过班会课、辩论赛、建议书等多种方式广泛收集、了解班级同学对于班级管理和班干部工作的看法和建议。对于其他同学而言,这是一个有效抒发内心不满和困惑的出口;对于班干部而言,他们收到了帮助自身成长的最中肯建议;对于班集体而言,这是一次深刻的班级民主管理实践,人人为班级管理建言献策,人人参与班级管理。二是在此基础上加强对班干部队伍的培训和指导,坚持日碰头、周会议、月总结,及时针对每一天中遇到的班级常规问题提出解决方案;每一周组织一次班干部会议,反思工作中的不足,明确一些优秀的做法;每个月开展一次班级班干部及班级常规总结班会,查找问题、树立榜样。不断帮助班干部明确自己的角色定位和功能发挥,提升他们的组织协调、沟通和领导等能力。三是班级氛围对班干部的工作开展具有重要影响,应引导同学们树立正确的价值观和行为规范,尊重和支持班干部的工作,共同营造一个和谐、积极向上的班级氛围。最后,班主任应关注班干部的身心健康,合理安排他们的工作任务和学习时间,减轻他们的压力,同时也可以鼓励更多的同学参与到班级管理中来,分担班干部的工作负担。

3. 完善班级管理制度

通过制订明确的规章制度和管理措施,规范班级运作,促进学生全面发展,并营造良好的学习和人际交往环境。班级管理制度的建立是班级管理的基础。这些制度应涵盖班级运作的各个方面,如学习管理、纪律管理、活动管理等,以确保班级工作的有序进行。这些制度应该具有明确性、可操作性和公正性,以便学生能够清楚地了解并遵守。班干部在制度引领班级管理中发挥着关键作用。他们不仅是制度的执行者，还是同学们的榜样和引领者。班干部需要以身作则，严格遵守班级管理制度，并积极引导同学们共同遵守。同时，班干部还需要协助班主任进行班级的日常管理工作，确保班级工作的顺利进行。班主任则密切关注班级的动态，及时发现问题并制订相应的管理措施，以确保班级的稳定和发展。

制度引领班级管理注重班级学生的广泛参与。学生是班级的主体，他们的意见和建议对于班级管理制度的完善和实施至关重要。因此，班主任和班干部应该积极听取学生的意见，尊重学生的需求，共同推动班级管理制度的改进和发展。

【情境案例】

小杨自高一以来一直担任班级的班长，虽然高中学业压力大，学习任务比较重，但是小杨同学还是克服困难为同学们服务，久而久之，对于小杨同学为大家的服务，大家都认为理所当然，有时班级活动组织欠妥，同学们觉得不到位时，反而对小杨同学进行指责。为此，小杨情绪很低落，觉得班长工作花费了自己大量的时间精力，还得不到同学们的认可，进而提出辞去班长职务。

【案例分析】

班干部选拔和培养是班集体建设的重要一环，班干部不仅仅要做好职责内的工作，同时也需要将班主任布置的任务落实到位，在学习工作中起到模范带头作用。

本案例中小杨的心情低落主要是辛勤工作却没有得到同学们的认可。一方面说明了小杨同学在班级管理工作中缺乏和同

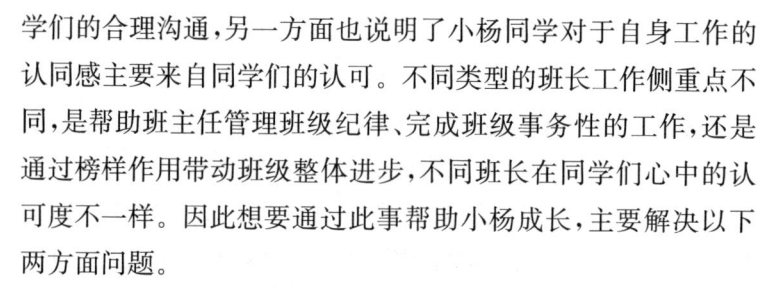

学们的合理沟通,另一方面也说明了小杨同学对于自身工作的认同感主要来自同学们的认可。不同类型的班长工作侧重点不同,是帮助班主任管理班级纪律、完成班级事务性的工作,还是通过榜样作用带动班级整体进步,不同班长在同学们心中的认可度不一样。因此想要通过此事帮助小杨成长,主要解决以下两方面问题。

1. 自己的认识和方法需改进

小杨认为"觉得班长工作花费了自己大量的时间精力,还得不到同学们的认可",这是小杨辞去班长职务的主要原因。那么首要关注的问题是班干部工作开展的方法是否恰当?小杨的根本角色是学生,应当完成学生分内的职责后履行班长职责,那么班长工作是否影响到小杨自身的学习生活呢?如果能够高效开展班干部工作,合理和师生进行沟通,小杨同学也不会有这些困扰。如果在开展工作时不关注原则底线、他人情绪、班级发展、教师意见,那么不仅仅是浪费大量时间的问题,还会导致同学们的不理解。其次需要关注的问题是小杨做班长是为了什么?相信每一次班干部竞选时都会有一定的发言环节,那么弄清楚小杨同学做班干部的初心也是十分重要的。只有明确了以上问题,才能从根本上助力小杨成长。

2. 不利因素影响班集体建设

每个人都有自己的性格特点,有的学生可以很好地管理班级,却不能管理好自己;有学生能起模范带头作用,却不能管理好班级环境。因此构建合理有效的"班级议事会"也能有效提高班级管理效率,从而促进班级团队合育,助力每个学生在班干部岗位上发挥自己的特长。

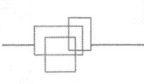

【方法策略】

1. 理解共情，注重正面引导

小杨同学因为得不到同学们的认可，被别人说闲话，心情必定非常低落。因此首先要对小杨进行安慰，表扬他工作中非常出色的地方。

2. 理智分析，多维看待问题

小杨同学目前的直接诉求是不当班长，但是逃避解决不了任何问题。因此班主任需要帮助小杨对这个事情进行理智分析，明确几个问题：他们是不是真的认为你做得不好、你是不是真的做不好、你为什么做班长、问题出在哪里？

班主任："小杨同学，如果你真的想离开班长岗位，老师希望我们能一起思考几个问题后，你再做决定，到时候老师一定支持你！"

班主任："你的工作做得很好，大家都有目共睹。我私底下和同学们沟通了一下，做了个问卷调查，你想知道原因吗？"

班主任："通过问卷调查可以看出来，同学们对你的工作其实还是比较认可的，但是还有一些地方，同学们也提出了一些建议，你看一下。"

班主任："其实同学们说的这些是不是你真的没做好呢？我觉得这里有很多待考量的，不能全信，但是也绝对不能忽视，要不老师说一说我的看法？"

班主任："其实我觉得大家从自己出发来评价班长的工作，但是班级里有一个人令我印象深刻，那就是小杨同学你，你还记得当初你竞选班长时说的话吗？"

班主任："我想同学们心里其实认可你，你做得也很好，你也没有忘记自己的初心，但是现在这样的情况需要我们共同去解决，如果你真的放弃了，不仅仅是老师不希望看到的，同样也是

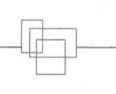

班级的损失,你觉得问题可能出在哪里?要不我们一起试着来解决?"

通过问卷调查,正确审视班长的工作和个人,有利于还原事情真相,帮助学生找寻问题真正的根源,同时也能够通过此事及时开展集体教育,扭转班级舆论和风气。

3. 共商策略,主动寻求解决

做好班干部专业化指导。班主任可通过情景再现的方式帮助小杨优化班长工作的方式方法,以及在和同学交流沟通过程中存在的问题。主要从以下几个方面入手。

(1) 做好表率

意指榜样。学业、态度和精神上,都能做所有同学的榜样。这就要求班长要随时进行自我审视,自我觉察,自我激励,自我改进,把自己变得更好,最起码也要让别的同学抓不到"小辫子",及时对照优秀班干部的标准要求自己。

(2) 利用团队

指利用好身边的人脉和资源。作为班干部,在全校范围内结识其他有能力的朋友,可以促进信息流通,提高办事效率。在班内,其他班委成员永远是班长坚强的后盾,他们会理解班长的处境,配合其工作,提出建设性意见。所以在班委刚刚成立的适应期内,一定要尽快与其他成员相互了解磨合,为今后的工作做好准备。

(3) 及时交流

指利用好班会和每次活动后的机会。这些时段是与同学们集体交流,表达态度的良机,也适合复盘反思,总结经验,为进一步提升工作能力打下坚实基础。

(4) 树立信心

班长工作不可避免要接受一些质疑的声音,遇到一些阻挠,

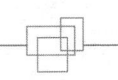

此时可以去寻求信任的老师同学的支持和鼓励,但最重要的还是自己树立信心,相信每一位同学,相信自己的能力和毅力。

(5)实施值日班长制度

每个人都具有不同的性格特点,班长也不会是万能的。因此在班级内部进行竞选"班级议事会",其中三人组成班级内阁,活泼开朗的负责班级活动组织以及人际沟通,做事一丝不苟的负责班级常规性事务,严格要求自己的且有一定魄力的负责班级管理。三者相互监督、相互帮助、相互鼓励,能有效提高班干部工作效率,并且也能发挥每位学生的特长。

同时鼓励同学们看待班干部工作要"走进来",实施值日班长制度。让每位同学都体验当一天的班长,体验一下班长每天的工作任务以及工作难度。只有互相体谅,才能让同学们更好地认可班长的工作,珍惜班长的劳动成果。

4. 总结复盘,助力自省内化

一次谈话不一定能够解决小杨遇到的困惑,因此班主任对于本次谈话解决的所有过程要及时跟进,一个月以后再次进行另一种形式评选,即"评选我身边的劳模",通过评选增强小杨同学的自信心,巩固教育成果。同时也通过此活动鼓励所有同学寻找他人优点,向劳模学习,尊重劳动成果。后续措施可以如下。

一周内:以温暖促变化,观察小杨同学的情绪变化,以及同学们是否对小杨的态度发生转变。同时班主任主动帮助小杨来解决一些问题,并在解决问题的过程中邀请其他同学一起共同参与。这样可以增强班级凝聚力,提高班长的威信和同学们的认可度。

一个月内:以活动促团结,活动主要分为两类,即成果展示和团结协作。成果展示类活动可以组织文化建设评比、小组积分评定评比(围绕好学、明礼、友爱、健体、书香、创新、才艺等维度)。团结协作类活动可以组织拔河比赛、共同制订班级整体学业提升目标等。所有活动由班主任发出倡议,班干部共同商讨活动的方案,明确各自的职责,并最终形成定稿。最后在班长的带头下完成活动。

一个学期内:以担当解压力,班级是大家共同的班级,应当与全体学生共同参与建设,当班集体前进中碰到问题时,应当都站出来承担责任,体现担当。因此在班干部制度和培养中都有意无意地培养大多数学生的担当意识。在平时的班级舆论风气的引导中也积极呼吁大家"珍惜他人劳动成果"以及"每一个人都是班级的建设者"等。

三、行为异样

青春期阶段对异性感到好奇,产生好感,这是正常的心理现象。青春期是一个确立自我意识的时期,会开始有自己喜欢的发型、崇拜的明星或欣赏的异性。这有助于我们提高自我认知能力,增强自我体验。所以,在青春期会对异性感兴趣,本身是一种正常的自我意识发展的过程。

在班级中,男生与女生群体通常各自具有独特的特点和互动方式。男生与女生群体之间的互动和关系对于班级的整体氛围和凝聚力具有重要影响。一旦男女生群体之间的互动和关系没有得到有效的引导,将削弱班集体对学生个体成长的积极影响。

【情境案例】

每学期的期末评奖评优的基本标准是:学习成绩优异、体育

第三章　生生交往　和谐发展

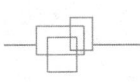

成绩为良好及以上和班级民主评议得到较多同学的支持这三部分。从标准上看，班内男生成绩更为优异一些，女生则在体育方面非常出彩，总体实力势均力敌。但在最后一步班级民主评议时，男生不支持女生的情况较为明显，最终导致班级部分品学兼优的女生遗憾落选。

【案例分析】

本案例的问题聚焦于三个方面：一是班级中的男女生交往问题；二是学生虽然要好，但虚荣心较强；三是评奖评优机制有待完善。

1. 班主任没有及时做出引导

平日里班级的男女生界限划分就较为明显，虽然没有达到"势不两立""不共戴天"的程度，但可以说是"泾渭分明"。因为学生正处于高中学段，仍未成年，不是应该谈恋爱的阶段。除此以外，学生身处的学校这一环境，也不是适合谈恋爱的场所。因此，男女生之间"泾渭分明"的状态在一定程度上会避免很多问题的出现，省去了很多的麻烦。据此，班主任在此之前并未对类似的事情过多关注，对学生缺少及时的引导。

2. 高等院校录取人才的方式发生改变

随着时代的不断发展，国家对人才的需求不断变化，高考录取政策不断出现调整。目前，学生除了成绩优异外，还可以通过参加竞赛、综合测评等方式方法进入更好的高等院校，或者选择自己心仪的专业。与班级里的女生相比，班级里的男生学习成绩更为优异，上进心较强，因此对综合测评也更为重视。为了能进入心仪的大学选择心仪的专业，为了综合测评能拥有更高的分数，为了自己能有更大的概率获得奖项和荣誉，为了一己私利，最终忘却公心，选择以不给他人投票的方式去成就自己……

3. 部分学生较为自私，爱慕虚荣

那为何班级男生只是不给女生投票，却依然给男生投票呢？古话说："物以类聚，人以群分。"分班也好像有着一种莫名的"魔力"，总是能把同类型的学生聚集在一起。由于班内男生热衷于进行打篮球、踢足球等球类活动，除了关系相对较好外，依旧给同性投票更是为了维护社交，避免以后出现进行体育活动时凑不齐人的情况出现，最终选择牺牲女生。与班级中的男生相比，班级里女生性格相对较好，具体表现为为人善良，心胸开阔，善解人意，不爱计较，公平公正。因此，在民主评议中，只要是为班级做出过贡献、品行较好、成绩优异的同学，她们都愿意为其投上自己宝贵的一票。

【学生有话说】

其实到了这个年龄阶段的男生，与班级内的女生正确交往还是比较被动的，尺度很难把握，如果与班级女生过多交往，往往会被班级的男生孤立，总是被开玩笑，有时对于一些民主评议，个人感觉还是主观性比较大，不能依据班级同学的表现公平公正的评议，只是凭借个人的感觉投给平时比较要好的男生，其实想想对于一些表现优秀的女生，还是有失公平的。

【方法策略】

1. 先找部分学生谈话，了解实际情况，分析原因

班主任首先罗列出大致的谈话内容和提问方式，做好预案和预判，再去找到民主评议时负责统计票数的两位女生，问问她们的看法。

班主任："你们对今天的民主评议结果满意吗？有什么异议吗？"

试探学生的看法,有没有发现这一问题的存在。

班主任:"你们有没有发现××同学得票率很低呀?他平时不是经常和同学一起踢球吗?还会给班级同学提供自己的足球,我以为他和班级同学关系很融洽呢。"

谈话目的不要过于明确,先以男生为切入点进行过渡,间接了解班级男生内部情况。

班主任:"我看了一下票数,××同学的票数好高啊!我看她平时只和××走得比较近,没想到人缘这么好呢。"

继续迂回,间接了解班级内部分女生情况。

学生反映因为××同学她平时会和男生一起打球,还会和男生一起下棋,比较男孩子气,所以班级里会有部分男生支持她,为她投票。

班主任:"你们有没有发现在民主评议的时候,一到班级女生,大多数男生都没有举手投票呀?"

接学生话茬,尝试引导学生回忆当时的情况。

学生对此表示赞同,并且有些愤恨,觉得班级男生非常过分,同时同情班级里品学兼优的女生,为其打抱不平。

班主任:"咱们班男女生之间确实走得不是很近,但也没到'势不两立''水火不容'的程度呀。你们觉得为什么会出现这样的情况呢?"

引导学生寻找原因。

和班级里的两位女生聊完后,接着,班主任再找两位比较了解班级情况的男生班委,根据女生反映的情况,结合自己的猜测,罗列出大致的谈话内容和需要引导、教育的方向后,对两位男生展开谈话。

班主任:"你们对今天的民主评议结果满意吗?有什么异议吗?"

试探学生的看法。

班主任:"我发现你们经常和××同学一起踢球,关系应该不错吧? 怎么在民主评议的时候没有为他投上一票呢?"

试探学生。

对于这个问题,两名男生表示:虽然平时大家都会在一起踢球,但只是球友,甚至不能算作好友、兄弟。况且他的品行也无法支撑他成为校级三好学生或文明学生。通过这个问题不难看出,其实学生有辨别是非的能力,大家心里都有一杆秤,有自己的评判标准。

班主任:"我发现你们除了给××同学投票外,没怎么给其他的女生投票,这是为什么呀?"

寻找原因。

当问到这个问题的时候,班主任发现两名男生先是对视了一眼,接着开始面露羞愧之色,低着头不说话。在班主任再三保证只是了解情况,不会对他俩进行任何惩罚后,又过了一会儿,他们才相互推搡着、才支支吾吾地说:"没什么,我们只是跟班里面的女生其实不是很熟。"

对于这个回答,班主任虽然已有预判,但还是有些意外。意外的点在于学生还是在为自己找理由、找借口,进行开脱,没有剖析出真正的原因所在,或者是仍然羞愧于说出真正的原因,缺少一些责任感与担当力。

班主任:"熟与不熟是相对的,是由双方共同决定的。你们有没有发现咱们班男生的票数普遍要比咱们班的女生多呀? 看看,女生有因为'不熟'而不给你俩投票吗?"

引导学生思考与反思。

2. 召开主题班会,对全班男生开展集体教育活动

环节一:还原情景,震撼学生。

班主任先让班级全体男生坐到教室靠后的位置，班级女生坐在前方，并与男生有一行明显的间隔，再通过一些适度夸张的手法，基本还原演绎出评奖评优时的情景。

首先演绎的是班级女生的行为。让女生趴在桌子上，闭上眼睛；接着，点出班主任精心筛选过的品学兼优，德、智、体、美、劳全面发展的学生名字的时候，女生一直举手，全部支持。再演绎出班级男生的行为。在点到品学兼优的男生的名字时，女生照常举手。在点到同等条件下女生名字时，集体沉默，没有任何行为动作。

班主任过渡："感谢全班女生的精彩演绎。现在大家可以去操场走走，放放松，或者谈谈心，进行一些体育活动，我们把教室空间留给班级的男同学。麻烦班长××同学关注一下班级同学们的安全，谢谢。"

环节二：小组讨论，集体反省。

班主任让班级男生全部坐到教室前排，在班内给他们开班级集体小班会。四人为一小组，以小组讨论的形式，对刚才女生演绎出的班级绝大部分男生在民主评议时出现的行为进行探讨，说出自己的真实感受，分析问题产生的原因，以及事件带来的后果与不良影响。通过这一环节，男生能意识到自己不管是在有意还是无意间侵犯了班级女生的权益，所作所为是不妥当的，并对班级女生抱有很大的歉意。

环节三：真实案例，引人深思。

班主任乘胜追击，再通过近两年较为热议的话题："明星考编惹争议：明星是高收入群体，为何还要抢'小镇做题家'的饭碗？"引起学生的理解与共鸣，让学生真正意识到自身问题所在。最后，班主任再引导学生："人不能因为一己私利而侵害他人的利益，这是不道德的行为。我们要做有公心、有实力、不爱慕虚荣的人。"同时跟学生强调："你所得到的，一定是要凭自己实力的，不然都是虚假的，良心会受谴责的。"

环节四：男生自发向女生道歉。

班级中的男性班长在班会课结束后提议并执行：在全体女生到班后对她们进行郑重的道歉，以求得到原谅。

3. 调整民主评议的组成部分

针对本次的经验教训，班级在后续进行评奖评优的时候，班主任不仅要让班级同学参与民主评议，更要让班级的科任教师参与投票。在这一过程中，不仅能加强班级科任教师的交流，还能让老师全方位地了解学生情况，更能避免类似问题的再次出现，以此维护全体同学的利益。

4. 学生自主开展团建活动

班级同学在跨年之际自发组织了一次登紫金山的团建活动，抒发理想，看日出。活动中，同学们一直在给班主任发消息，实时分享爬山过程中发生的趣事和互帮互助的细节。登顶后，同学们一边看着日出，一边畅聊未来，不仅坚定了自己的目标，更确立了班级的目标：勇攀高峰，永赴巅峰！登山活动结束后，同学们还一起约了吃饭，继续加深同学情谊。这次团建活动过后，班级凝聚力和之前相比明显增强，男女生之间那条无形的"楚河汉界"仿佛也被打破。

【拓展延伸】

纪录片《请为我投票》

湖北武汉常青第一小学三年一班的班主任为了让学生们理解民主的含义，于是在班中组织了一次班长的民主选举活动。候选者总共有三人：成成，一个胖乎乎的小男孩，颇有心计的他在这次选举中不遗余力，志在必得；罗雷，作为这个班的前任班

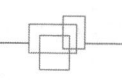

长,他有着根深蒂固的威信和指挥力;许晓菲,三个候选人中唯一的女孩,乖乖女甚至爱哭鼻子,似乎是最没有竞争力的候选人。三个孩子围绕班长的职位展开竞争,在这一过程中同学和家长也不可避免地卷了进来……如何通过竞选班干部这一事件,让孩子们学会与人交流与沟通,用真情换真情,让孩子脱离不良教育方式的影响,不过早地将城府与心机的种子种在孩子的内心。作为家长、老师,如何引导孩子学会正确且无功利性地与人相处,用自己的一言一行潜移默化地影响孩子的心理与行为,这部影片引发了观众无限的思考。

该片荣获2008年亚什兰独立电影节最佳纪录片奖、2008年芝加哥国际儿童电影节成人评委会金奖以及儿童评委会第二名。

第三节 社群交往

学生的社群交往主要包括网络交往、兄弟姐妹交往和社团交往等方面。

当前中学生对于网络交往的态度还是肯定的和积极向上的。大部分学生认为网络交往是现代交往中必不可少的一种方式,与现实交往是同样重要。他们经常利用网络与亲人、老师、同学、朋友保持联系,他们也认同网络交往为他们的生活带来了极大的便捷,通过网络交往可以更清楚明白地表达自己和了解他人。但是也有一部分同学对于网络交往的认知存在一定的偏差。有部分学生认为网络交往与现实交往是完全没有关系的两个领域,网络交往没有现实交往重要,所以在网络世界里可以不必遵循现实生活中的法律法规。基于网络的虚拟性、间接性、隐蔽性等特点,不少学生利用虚假的身份进行网络活动,甚至借机发布一些虚假信息。

一、网络交往

网络交往是现在的热门词汇,因其虚拟性受到人们的追捧。虚拟就意味着神秘和无限可能。殊不知,这神秘之中同样意味着有危险。网络中认知的"朋友"更不知其是谁。近年来,网络交友导致的诈骗等犯罪案件层出不穷,人人应该提防。但是中小学生的辨别能力不强,而独立意识却不断增长,正是在向社会探索的年龄,很容易成为不法分子紧盯的对象。中小学生稍有不慎,就会跌入陷阱。

【情境案例】

涵涵是一名小学五年级的学生。一天,他在家中像往常一样拿起妈妈的手机刷着短视频。突然,一个视频标题吸引了他——"免费获取限量版游戏皮肤!"这款游戏皮肤是他梦寐以求的,但由于他的零花钱比较少,他一直没有机会拥有。看到"免费"二字,涵涵眼前一亮,觉得这是个千载难逢的机会。

他没有多想,立刻点开了视频教程,并加入了一个声称能免费获取游戏皮肤的QQ群。群里热闹非凡,聚集了上百人,大多数都是被这个"免费游戏皮肤"的活动吸引来的。群主表示,只要将游戏账号和想要的角色名发给他,他就可以将皮肤直接发送到每个人的游戏账户上。于是,他私下联系了群主,向群主告知了自己心仪已久的游戏皮肤,并询问了如何获取。群主回应热情,要求他提供绑定了游戏的微信账号、密码和手机验证码以便"赠送"该皮肤。

涵涵虽然有些迟疑,但最终还是没能抵挡住免费获取游戏

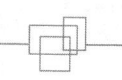

皮肤的诱惑,提供了所有信息。然而,就在他满心期待地等待皮肤到账时,手机就收到了"你的微信绑定手机号已更换"的消息。一种不祥的预感涌上心头,他赶紧重新登录微信,查看妈妈的微信钱包,发现里面的 3 000 多元钱已经不翼而飞。惊慌失措的涵涵试图联系群主询问情况,却发现消息已经无法发送——他已经被群主拉黑,那个热闹的QQ群也再也找不到了。

【案例分析】

　　涵涵遭遇网络诈骗的案例,凸显了网络交往中普遍存在的安全隐患和青少年对网络风险认识不足的问题。从情境描述中,我们可以深入分析其背后的几个核心原因。

　　1. 缺乏网络安全意识

　　涵涵在面对网络上"免费获取限量版游戏皮肤"的诱惑时,显然没有充分认识到背后潜在的风险。这主要是因为他缺乏足够的网络安全意识。网络安全意识是指个体或组织对于网络安全问题的认识、了解和警觉性。然而,涵涵在这方面的知识储备显然不足,他未能准确识别出网络诈骗的常见手法和特征,如虚假承诺、诱导分享个人信息等。因此,当他面对看似诱人的"免费"机会时,很容易就陷入了诈骗者的圈套。

　　2. 对个人信息保护意识薄弱

　　涵涵在未经深思熟虑的情况下,轻易地将个人的微信账号、密码和手机验证码等重要信息提供给了陌生人。这反映出他在保护个人隐私和账户安全方面的意识非常薄弱,没有意识到一旦这些信息被泄露或被滥用可能带来的严重后果。他缺乏对个人信息保护的基本原则和方法的了解,如不轻易透露个人信息、要使用强密码、定期更换密码等。因此,在面对诈骗者的诱导时,他未能坚守个人信息保护的底线,最终导致了账户被盗和财产损失。

3. 家庭网络安全教育的缺失

家庭是孩子成长的第一个社会，父母是孩子的第一任老师。然而，在涵涵的案例中，可以看到家庭网络安全教育的缺失。家长没有充分地向孩子传授网络安全知识，例如如何识别网络诈骗、保护个人信息的重要性以及网络交往的潜在风险等。这种教育的缺失源于家长自身对网络安全的认识不足，或者是因为他们未能意识到孩子在使用网络时可能面临的风险。因此，孩子在没有得到充分指导的情况下，更容易受到网络诈骗的诱惑和侵害。

4. 网络环境的复杂性

现代网络环境错综复杂，信息纷繁，真假难辨。各种社交媒体、论坛、聊天群等都可能成为诈骗分子实施诈骗的场所。在这个案例中，涵涵加入的 QQ 群就是一个诈骗群。对于缺乏社会经验和判断力的青少年来说，他们往往难以分辨网络信息的真伪，更容易受到网络诈骗的影响。此外，网络上的各种诱惑，如免费获取心仪的游戏皮肤等，也使得青少年更容易上当受骗。

5. 社会监管的不足

2022 年 10 月 25 日，党的二十大报告全文发布。其中明确指出：健全网络综合治理体系，推动形成良好网络生态。然而网络诈骗的频发也暴露了社会在网络监管方面的不足。尽管相关部门已经采取了一系列措施来打击网络犯罪，但网络诈骗仍然屡禁不止。这是因为网络犯罪的隐蔽性高、追踪难度大，以及法律对网络犯罪的惩治力度不够等原因导致的。在这个案例中，如果相关部门能够及时发现并打击这个诈骗 QQ 群，那么涵涵可能就不会遭受损失。因此，加强社会监管、提高打击网络犯罪

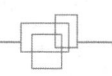

的力度和效率是至关重要。

【学生有话说】

　　天哪,我家的钱真的被骗了。我原来以为,对方只是想赠送给我一个皮肤,这是多好的事情,我以为我遇到一个好人了,谁曾想我居然被骗了,以前老师和父母就教育过我,网络上骗局多,可是我一时被"免费"蒙住了双眼才导致受骗。看来,世界上真的没有"免费的午餐"。网络是把双刃剑,我以后一定要远离网络,也要积极劝告身边的同学远离网络的侵害。

【方法策略】

　　1. 告诉学生使用网络的尺度

　　随着新媒体时代的到来,新媒体技术的发展使得信息传播进入个人化时代,作为教育工作者,我们需要通过系列教育活动来帮助学生建立起对网络交往风险的警觉性。

　　可以通过定期开展网络安全主题班会来增强学生的警觉性。在这些班会中,班主任可以结合近期的网络安全事件,挑选具有代表性的案例进行深入分析。例如,可以分享一个学生因轻信社交媒体上的虚假信息而遭受损失的真实故事,详细剖析诈骗者的手法、受害者的心理以及防范措施。通过这样的案例分析,学生能够更直观地了解网络诈骗的危害性和隐蔽性。

　　同时,采取情景模拟也是一种有效的教育方法,可以让学生置身于网络社群社交的实际场景中。班主任可以设计一系列基于真实事件的情景剧,让学生在扮演不同角色的过程中体验网络诈骗的整个过程。这种方法有助于提升学生的防范意识,以及培养他们的应变能力。

　　除了在校内的教育活动,学校还可以邀请网络安全专家或

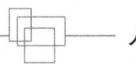

警察来校举办讲座。这些专业人士能够为学生提供最新的网络安全动态、实用的防范技巧以及应对网络诈骗的方法。他们的专业知识和丰富经验将为学生带来更为深入和全面的网络安全教育。

2. 告诉学生使用网络的规则

为了引导学生在网络社群中健康、安全地交往,学校有必要制订一套明确的网络行为规范。这些规范不仅为学生提供了网络行为的参考框架,也是家长和教师进行管理与指导的依据。

为确保这些规则得到有效执行,班主任应该与家长紧密合作,共同监督学生的网络活动。家长应定期与孩子进行沟通,了解他们在网络上的活动和交往情况,引导他们正确、安全地使用社交媒体。

同时,班主任也在学校中加强对学生的网络行为教育,通过课堂讲解、案例分析等方式,让学生深刻理解遵守网络行为规范的重要性。

要定期与家长进行深入沟通,全面了解学生在家中的网络活动情况。这不仅有助于班主任及时发现并解决潜在的网络安全问题,还能让家长更加明确孩子在网络世界中的需求和风险,从而进行更为有效的监督和指导。

学校还要为家长提供丰富的网络安全教育资源,如网络安全知识手册、网络素养提升课程等。这些资源可以帮助家长提升自身对网络安全的认知,使他们能够更好地理解和应对孩子在网络交往中可能遇到的问题。当家长具备了足够的网络安全知识和意识,他们就能更有效地指导和监督孩子的网络行为,从而降低孩子遭受网络欺诈、信息泄露等风险的可能。

3. 教会学生网络识别能力

在社群交往,尤其是网络交往中,提升学生的信息识别能力

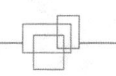

至关重要。作为教师,我们应当着重培养学生的辨别网络信息真伪的能力,使他们能够在虚拟的网络交往世界中保持警惕,避免受到欺诈。

在日常的教学活动中,班主任可以结合具体的案例来讲解如何识别网络信息的真伪。要告诉学生,任何看似诱人的"免费"信息都可能是诱饵,背后隐藏着不可告人的目的。班主任可以通过以下几个方面来教育学生提高信息识别能力。

一是查看信息来源是判断信息真伪的首要步骤。学生应该学会检查信息的发布者是否可靠,是否有官方认证,或者是否来自权威的机构或媒体。例如,在游戏皮肤这个案例中,学生应该核实活动是否由游戏的官方发布,而不是轻信一个不明来源的QQ群。

二是在网络安全教育中,班主任应明确告诉学生,一旦发现自己的账号被非法访问或资金被盗用,应立即采取行动。首先,要迅速更改相关账号的密码,增强账户的安全性。接着及时联系相关的机构,如银行、支付平台或网络服务提供商,报告并封锁可疑账户,防止进一步的损失。否则网络安全事件可能给学生带来巨大的心理压力和情绪困扰。

因此,班主任要提供必要的心理支持,帮助学生平复情绪,走出阴霾。可以通过开设心理健康教育课程、设立心理咨询室、定期组织心理健康活动等方式,为学生提供全方位的心理健康服务。

二、兄弟姐妹交往

孩子是一个家庭的未来和希望,家庭教育是家庭生活中的头等大事。家庭教育已由过去的"散养"向如今的"精细化养育"

转变,多子女家庭"如何教"的问题亟待解决。

在多子女家庭中,父母可能难以对每个孩子给予足够平等的关注和照顾,这可能导致孩子感到被忽视或不被重视。

此外,父母对每个孩子的期望可能不同,这也可能引发亲子关系的紧张和矛盾。由于资源有限,子女之间可能会存在竞争和争夺,尤其是在父母的时间和关注上。如果这种竞争关系得不到妥善处理,可能会导致子女之间的矛盾和冲突。

【情境案例】

女生小王家里添了一个小弟弟,一家人的精力都聚焦在刚出生的弟弟身上。以前都是妈妈来接小王放学的,但现在她要留在爱心屋,等爸爸5点下班后再来接她,原本内向的小王愈发沉默寡言了,脸上也少了笑容。

【案例分析】

1. 家庭结构变化导致小王被忽视

小王家新添了一个弟弟,这使得家庭的关注重心转移到了新生儿身上。父母和长辈们忙于照顾弟弟,无意中忽视了小王的存在。这种被忽视的感觉让小王感到失落和不安,进而影响到她的情绪和性格。

2. 放学接送安排的变动增加小王的不安感

以往小王放学后都是由妈妈来接的,但现在妈妈要留在家里照顾弟弟,只能等到爸爸下班后再来接她。这种接送安排的变动让小王感到不安和孤独。她可能担心自己在学校等待的时间过长,也可能担心自己成为同学们的笑柄。这种不安感可能进一步加剧她的孤独感。

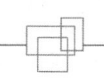

3. 小王自身内向性格的影响

小王本身就是一个内向的孩子，不善于表达自己的情感和需求。在面对家庭结构变化和放学接送安排变动时，她更难以适应这种变化，也更容易受到负面影响。内向的性格特点可能让她更加封闭自己，不愿意与他人交流。

【学生有话说】

自从家里多了那个小弟弟，一切都变了。以前妈妈总是在学校门口等我放学，我们一起走回家，聊聊学校里的事情，那是我一天中最期待的时光。可是现在，妈妈要照顾弟弟，我只能一个人在学校等到爸爸下班来接我。爸爸工作那么忙，我知道他也很辛苦，可是我还是会忍不住感到孤单。每次看到同学们一个个被家长接走，我的心就空落落的。回到家，家里也全是关于弟弟的话题，好像没人注意到我的变化。我变得越来越沉默，我不想说话，也不想笑。我感觉自己好像被遗忘了，被这个世界抛弃了。我知道我不应该这样想，弟弟那么小，他需要更多的关爱和照顾，可是我还是会忍不住感到难过。我也好想妈妈能像以前一样来接我放学，听听我的心声。我也好想家里能多一些属于我的关注，哪怕只是一点点。我知道我应该更懂事一些，可是我真的好怀念以前的日子，怀念那个被妈妈宠爱的我。

【方法策略】

1. 发挥"重要他人"作用，关心学生的点点滴滴

班主任应努力成为学生的"重要他人"，尤其对内心脆弱、细腻敏感的学生而言，他们更需要，也更渴望拥有一位榜样人物的引领和示范。

此案例中，班主任应主动与小王进行深入的沟通，了解她的

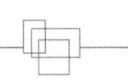

真实想法和需求。利用课余时间或者课间休息的时间与她进行一对一的谈话,倾听她的心声,给予她充分的关心和支持。通过沟通,更好地了解她的困扰和难题,为后续的帮助措施提供依据。在日常生活中,注意捕捉小王的闪光点,及时给予她鼓励和表扬。这些鼓励和表扬可以是口头上的赞美,也可以是实质性的奖励。通过这些鼓励和表扬,让小王感受到自己的价值和能力,增强她的自我认同感。同时,引导她学会自我肯定和自我激励,让她在面对困难和挑战时能够更加自信。

2. 发挥同伴效应,增强学生的归属感和自信心

同伴效应是指在年龄和背景等方面相似的一群青少年彼此产生的影响更为直接和深刻。针对小王内向的性格特点,可以组织一些班级活动,让她有机会参与其中,使其感受到集体的温暖和关怀。例如,可以组织一些团队合作的游戏或者文艺表演活动,让小王有机会展示自己的才华和能力。通过这些活动,她可以逐渐克服内心的恐惧和不安。针对小王有了弟弟之后,感觉被忽略,进而加剧沉默寡言的情况,班主任可以邀请班级中其他拥有弟弟妹妹的同学发表不同的感受和观点,拓宽小王对拥有弟弟这件事的认识,引导其看到事情的积极面,并尝试理解自己的父母。此外,还可以邀请小王的同学们参与到帮助小王的行动中来,让他们在日常生活中多关心小王,主动与她交流,帮助她解决遇到的问题。同时,利用班会等机会向全班同学宣传关爱同学、尊重差异的重要性,让大家都来关心和帮助小王。除了班级活动外,鼓励小王参与学校组织的课外活动或兴趣小组。这些活动不仅可以让她有机会结交新朋友、拓展自己的视野和兴趣爱好,还可以让她在参与过程中逐渐克服内向的性格特点。通过参与课外活动,小王可以逐渐融入更广泛的社交圈子,增强自己的社交能力和自信心。

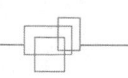

3. 建立家校联系机制，共同关注学生的成长

家庭的支持和关爱对于学生的成长至关重要。小王非常渴望父母的关心和关注，在拥有弟弟前后巨大落差让她一时难以接受，才导致她整日郁郁寡欢的状态。因此，班主任应第一时间与小王的父母沟通，先对小王有了弟弟这件事，向他们表示祝贺；紧接着介绍小王最近在学校的学习生活状态，委婉提醒他们在照顾弟弟的同时是否忽视了小王的存在和需求。然后，建议他们尽量平衡好对两个孩子的关注，给予小王更多的陪伴和关爱，提醒家长注意小王的情绪变化，及时与她沟通，了解她的想法和需求。最后，鼓励小王的父母主动与班主任联系，共同关注小王的成长。作为班主任也应定期与小王的父母进行电话或面对面的沟通，及时反馈小王在学校的表现和进步。通过家校之间的紧密合作，可以更好地了解小王的需求和问题，为她提供更全面、更有针对性的帮助。

三、社团交往

社团是学生在校兴趣爱好特长能够得到施展的重要场所。社团形式多样的文化活动，可以丰富学生的课余生活，促进学生德智体美劳的全面发展，社团成员间因为共同的爱好聚合在一起，因为共同的兴趣爱好，更容易形成良好的沟通，促进学校学生素养的多元发展。社团活动承载一定同伴和谐沟通的重要任务，是学生锻炼自我、展示自我、收获成长和友谊的重要途径。

【情境案例】

学生小陈是一个性格内向、默默无闻的孩子，没有突出的特长。升入高中后，一个偶然的机会，学校的篮球社团到班级选

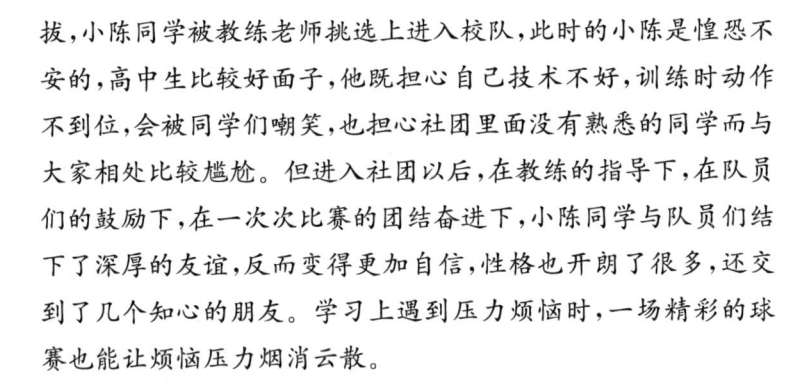

拔，小陈同学被教练老师挑选上进入校队，此时的小陈是惶恐不安的，高中生比较好面子，他既担心自己技术不好，训练时动作不到位，会被同学们嘲笑，也担心社团里面没有熟悉的同学而与大家相处比较尴尬。但进入社团以后，在教练的指导下，在队员们的鼓励下，在一次次比赛的团结奋进下，小陈同学与队员们结下了深厚的友谊，反而变得更加自信，性格也开朗了很多，还交到了几个知心的朋友。学习上遇到压力烦恼时，一场精彩的球赛也能让烦恼压力烟消云散。

【案例分析】

  每位学生都在一定生活情境中进行学习交往并且获得成长。案例中的小陈同学能从参与社团活动的过程中获得成长的原因在于以下几点。

  首先，社团创设了一种积极向上的健康氛围。一般的社团都是由一定的竞技项目组成，比如篮球、足球、排球、击剑等，团队的配合是比赛制胜的法宝，就要求队员有一个和谐的交往氛围，团结一致取得胜利。所以团队的氛围也让性格内向不善交往的小陈得到了队员的鼓励与接纳。

  其次，社团成员组成结构与班级不同，成员来自不同的班级，容易去除刻板的印象。比如成员比较热爱球类，在赛场上意气风发，深得同学们的爱戴，但是在班级中，可能在学业水平、行为习惯等方面不尽如人意，会在班级交往中没有自信，而在社团活动中会有更多的交往展示的机会。

  最后，社团成员有共同的目标。为了达到预期的目标，成员间的沟通是建立在积极向上的情境中，有问题和建议会及时与成员讨论，同时也会倾听他人的意见，主动寻求共识。因为在社团中团结协作非常重要，为了达成共同的目标，每个人都必须付

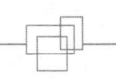

出自己的努力，在完成任务时，要主动承担责任，并且与其他成员紧密合作。

【学生有话说】

其实我觉得自己还是很幸运的，能够加入社团，找到一群志同道合的朋友。班级中因为我性格比较内向，不太喜欢与同学交流，当时教练选中我时，我其实内心还是很紧张的，我害怕自己做不好，影响团队的成绩，但社团中的每个成员都很愿意帮助我，帮我解决技术的难题，当我比赛出现失误时，他们都鼓励我，没关系，比赛中谁都会犯错，不要太紧张，下次努力即可，给我很多的信心，让我觉得在社团中有一群值得信赖的朋友。

【方法策略】

1. 指导学生根据兴趣爱好选择合适社团

作为班主任，要能通过观察了解每位学生的兴趣特长，以及他们的优点与缺点，给出有针对性的指导与建议，帮助学生找到适合自己个性特长的社团，展示学生的特长爱好及天赋。

在学校，学生其实很乐于根据自己的兴趣爱好参加各种社团，因为在社团可以认识有共同爱好的同伴，发展自己的兴趣爱好，让自己的校园生活更丰富。社团交往也可以培养学生人际交往能力。

选择适合学生的社团，学生能锻炼自己的组织能力、处事能力、沟通能力、表达能力等，性格也会变得更加乐观向上。

一些同学从初中进入到高中之后，由于学习环境的变化，竞争压力加剧会出现不适应新的学习方式，成绩会有起伏，慢慢丧失信心等情况。而社团活动可以帮助学生在学习之外重新体验成功。学生可以根据自己的爱好，进入自己想参与的社团，找回

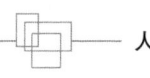

自己的兴趣，表现自己的才能，重新树立信心，实现交往自信。

作为班主任，面对人生观价值观形成中的高中生，也要尊重孩子的选择，不要以功利的目标强制学生发展某种特长。每位学生都有自己的兴趣爱好，有时候孩子的选择可能与家长的期望不同，但是家长应该尊重孩子的选择，给予他们足够的支持和鼓励。孩子在做自己喜欢的事情时，能够更加自信，也更加愿意付出更多的时间与精力。

2.教会学生正确化解社团成员间的矛盾

学生在社团活动时，因为每个人都有自己的想法与处理问题的风格，社团内部可能会出现意见分歧和矛盾，这对社团成员处理人际关系的能力带来了挑战。在处理这些矛盾时，要教会学生学会沟通，学会共情，学会换位思考，这也是个人成长的一部分。

班主任首先要教会学生学会正确的交往技巧与策略，让学生懂得在社团中学会合作、互助与分享，这样才能让学生养成健全的人格与良好的素养，让成员间能够相互认同与接纳，从而形成良好的沟通氛围。

作为高中的学生，每个人都会有自己的想法，社团活动多有一些竞技性的，成员间需要齐心协力完成某项竞技，对于团队配合度会要求比较高，要求团队要有协作能力。但团队每个成员间能力其实是有差异的，所以有的学生会表现突出，为团队争得荣誉，也有成员会因为失误或者技术的问题影响比赛的成绩，这时就会在社团中发生同伴间矛盾，会进行归因，哪些成员影响了社团的整体荣誉。

当出现这种意见或者矛盾时，班主任可以先适时退出，引导成员自己通过沟通解决问题。班主任鼓励学生与同伴开诚布公地解决问题。通过相互的沟通，成员间可以更好地了解对方的想法和感受，从而化解同学之间的矛盾。当学生之间矛盾分歧

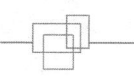

比较大的时候,班主任要教会学生主动寻求老师的帮助与支持,还要倾听学生内心真正的想法,化解其不良情绪。最重要的还要引导学生能够换位思考,强调团队合作的重要性,教育学生要学会尊重和欣赏每个成员的优点,共同努力解决问题。真正做到马歇尔·卢森堡所说"非暴力沟通",放弃对他人的评判,深入倾听自己和他人的心声,发现自己和他人的真实需要,学会表达自己真实的感受,然后提出具体的请求。

3. 建立平等、支持、互助的友谊关系,创设积极向上的氛围

高中生处于人际发展的关键阶段,同学间的影响会比较大。这个时期的学生渴望同伴的鼓励与支持,心理上渴望同伴的认同,但是缺少沟通的技巧方法,有时与同学相处会觉得无所适从。与同学交往不能做到和谐友好时,也比较困惑,这种困惑时常还会影响自己正常学习与生活,有些同学还会产生焦虑、恐惧、紧张等不安情绪。

所以培养学生人际沟通能力,引导学生建立和发展良好的同伴友谊,是学生建立平等支持互助同伴关系的基础。

社团活动是一个重要的同伴交往的载体,成员只有对社团活动充满热情,才能积极参与并从中获得交往的乐趣。

《56号教室的奇迹》中的雷夫老师曾经讲述过他班级内发生的故事。他班级内的一位学生因在球队里不能与同伴很好地合作而被同伴要求退出球队,后来这位学生认识到自己的问题提出回归球队的恳求后,雷夫对他提出了唯一一个要求:"如果你能和同伴合作,你就回去。"这位学生做到了,回归球队后非常关注与他人的合作,而不再时时想着怎样让自己备受瞩目。这种团结合作、积极向上的氛围的创设就有利于同伴间形成良好的沟通氛围,掌握相互包容、理解的沟通方法。在这样的氛围中,同伴间既收获友谊也收获乐趣。

【拓展延伸】

2023年10月24日,国务院发布《未成年人网络保护条例》,该条例自2024年1月1日起施行。这是我国出台的第一部专门性的未成年人网络保护综合立法,重点就规范网络信息内容、保护个人信息、防治网络沉迷等作出规定。

在国务院政策例行吹风会上,国家网信办、司法部、最高检、教育部及共青团中央五部门有关负责人对条例进行了解读。

1. 聚焦未成年人网络保护的突出问题

《条例》回应了社会各界对未成年人网络保护的关切,标志着我国未成年人网络保护法治建设进入新阶段。

《条例》聚焦突出问题,结合未成年人身心健康发展和网络空间的规律特点,细化未成年人保护法、个人信息保护法、网络安全法的已有制度,提高了法律制度的针对性和可操作性。

比如,在个人信息保护方面,条例规定了监护人教育引导未成年人增强个人信息保护的意识和能力、指导未成年人行使相关权利等义务,提出个人信息处理者严格设定未成年人个人信息访问权限、开展个人信息合规审计的要求等。

在防治网络沉迷方面,《条例》要求提高教师对未成年学生沉迷网络的早期识别和干预能力,加强监护人对未成年人安全合理使用网络的指导;网络服务提供者要合理限制未成年人网络消费数额,防范和抵制流量至上等不良价值取向;网络游戏服务提供者要建立完善预防未成年人沉迷网络的游戏规则。

2. 加强对涉及青少年身心健康内容的规范

《条例》设置专章规范网络信息内容,明确有利于未成年人健康成长的网络信息,进一步加强对网络信息的规范。

《条例》明确,国家鼓励和支持制作、复制、发布、传播弘扬社会主义核心价值观和社会主义先进文化、革命文化、中华优秀传统文化，铸牢中华民族共同体意识，培养未成年人家国情怀和良好品德，引导未成年人养成良好生活习惯和行为习惯等的网络信息；任何组织和个人不得制作、复制、发布、传播含有宣扬淫秽、色情、暴力、邪教、迷信、赌博、引诱自残自杀、恐怖主义、分裂主义、极端主义等危害未成年人身心健康内容的网络信息。

3. 推进对未成年人权益的司法保护

《条例》与治安管理处罚条例、刑法等相衔接，明确违反条例规定、侵犯未成年人合法权益行为的法律责任。

4. 形成社会共治汇聚保护合力

未成年人网络保护是一项系统性工程，需要汇聚各方合力。《条例》将坚持社会共治作为未成年人网络保护的重要要求，规定了有关政府部门和学校、家庭、行业组织、新闻媒体等各方主体的责任，明确了网络产品和服务提供者、个人信息处理者、智能终端产品制造者和销售者等的保护义务。

第四节　同伴交往

学生同伴交往是指在学校环境中，学生之间基于共同的兴趣、目标或活动而建立的相互交往和互动关系。这种交往对于学生的成长和发展具有深远的影响，因为它涉及社交技能的培养、情感支持的获取、价值观的塑造等多个方面。通过与同伴的交往，学生可以学习如何与人相处、如何建立和维护关系，以及如何处理冲突等社交技能。这些技能对于学生未来的生活和职业发展至关重要。在与同伴的互动中，学生可以分享快乐、倾诉烦恼、寻求安慰，从而减轻心理压力，增强心理健康。在与不同

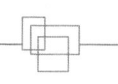

背景、不同观点的同伴交往中,学生可以接触到不同的思想和文化,从而拓宽视野,形成更加包容和多元的价值观。

然而,学生同伴交往也可能存在一些问题,如欺凌、排斥、孤立等负面行为。为了促进学生之间的健康交往,班主任可以通过组织班级活动、鼓励合作与分享等方式,营造积极的班级氛围,促进学生之间的友好交往。班主任可以通过教育、引导等方式,培养学生的同理心,让他们学会理解和尊重他人的感受和需求,从而减少冲突和矛盾。学校应提供心理咨询和支持服务,帮助学生处理与同伴交往中的问题和困扰,提高他们的情绪调节能力和应对能力。家长和学校应建立良好的沟通机制,共同关注学生的同伴交往情况,及时发现问题并采取措施加以解决。

总之,学生同伴交往是学生成长和发展中不可或缺的一部分。通过营造良好的交往环境,培养学生的社交技能和同理心,提供心理咨询和支持以及加强家校合作等措施,可以促进学生之间的健康交往,为他们的未来发展奠定坚实的基础。

一、交友的烦恼

人是群体动物,总要和同伴交往、相处的。但是同伴交往却有很深的奥妙之处,小学生无法领会,只能以"玩得好"为标准。究竟什么样的朋友才算好朋友,什么样的朋友只能算普通朋友,需要班主任带领学生通过集体教育、个别教育相结合来领悟。在教育的过程中,班主任不应越俎代庖,而应给予学生信任,不断提升学生的交往能力,使其日后能够自由交往。正确认识同伴关系,学生可以更好地与他人相处,建立健康、积极和有意义的社交关系,为个人成长和发展打下坚实的基础。

【情境案例】

果果最近有些小烦恼。那天,闺蜜朵朵悄悄对她说:"果果,你要知道,闺蜜只能有一个,你不能和别的同学好。"果果听了,虽然心里有些犯嘀咕,但还是默默地点了点头,答应了朵朵。之后,每当有其他同学想和果果一起玩,果果就变得特别纠结。她怕朵朵会不高兴,但又不想错过和其他同学成为朋友的机会。

更让果果为难的是,朵朵有时候会想抄她的作业。果果知道这是不对的,但又怕拒绝会让朵朵不开心。朵朵每次都想占点小便宜,还对果果说:"你要是不给我抄,就不是我的好闺蜜了。"果果听了,心里真是五味杂陈,不知道该怎么办才好。

【案例分析】

果果所面临的交友烦恼,其实质是同伴交往中出现的问题,涉及对"闺蜜"概念的误解、道德和友情的两难选择,以及处理人际关系能力的不足。

1. 对"闺蜜"概念的误解

果果对"闺蜜"的定义存在明显的误解。在朵朵的影响下,她错误地认为"闺蜜"的关系是排他的,即"闺蜜只能有一个",这在一定程度上限制了果果的交友自由,使她陷入了纠结。实际上,友情并不具有排他性,一个人可以同时拥有多个朋友,而且朋友之间应该是互相尊重、理解和支持的,而不是通过限制交友自由来维持关系。

2. 道德和友情的两难选择

果果面临的另一个问题是如何在道德和友情之间做出选择,她知道抄作业是不对的行为,但又担心拒绝朵朵会影响她们之间的友情。这反映出果果在道德判断和友情维系之间缺乏平衡,容易受到他人的影响。朵朵以"好闺蜜"的名义对果果进行道德绑架,使得果果在坚持正确道德观念和维系友情之间陷入困境。

3. 缺乏处理人际关系的能力和自信

果果在处理与朵朵的关系时缺乏处理人际关系的能力和自信。面对朵朵的无理要求,果果没有勇气表达自己的观点和立场,害怕因此破坏她们之间的友情。这与果果的性格特点、家庭环境以及社交经验有关。她缺乏自信,不善于拒绝他人,容易受他人影响。

【学生有话说】

哎,我最近实在是太烦了,怎么做都不对:我既想和别的同学一起玩,又怕失去果果这个好朋友。但是她的占有欲压得我喘不过气,我到底该怎么办?我如果直接跟她说明情况,她会不会不开心?谁能帮帮我就好了。

【方法策略】

1. 正确引导其理解"朋友"的概念

在引导学生正确理解和交往"朋友"时,班主任要让学生认识到"朋友"这一概念的深层含义。在古代,"朋"和"友"各有所指,"同门曰朋,同志曰友",即在同一个老师的门下是"朋",志趣相投,能合得来的人才是"友"。可以通过以下方式引导学生对"朋友"概念的理解。

(1) 通过主题班会引导

班主任可以组织学生开展以"友情"为主题的班会课,让学生们分享自己对友情的理解和经历,以及在交友过程中遇到的困惑和解决方法。通过这样的活动,能够加深学生对友情的认识,以及增进班级学生之间的了解和互动。

（2）在课堂中进行渗透

教师可以在语文课堂上利用历史故事、成语典故、古代诗词等教学资源，进一步引导学生深入理解"朋友"的概念。例如，通过讲述"高山流水"的故事，教师可以让学生体会到知音难寻的珍贵；通过解读"管鲍之交"的典故，教师可以教导学生朋友之间要互相信任和支持；通过学习李白的《赠汪伦》和高适的《别董大》等古诗词，教师可以帮助学生感悟古人对友情的深情表达。

（3）布置实践性的作业

为了巩固学生对"朋友"概念的正确理解，并帮助他们将这些理念应用到实际生活中，班主任可以设计一些实践性的活动和作业。例如，可以布置"友情日记"作业，让学生们记录自己与朋友们的日常交往和心得体会，反思自己在友情中的表现和收获。此外，班主任还可以组织一些团队协作活动，如集体游戏、小组讨论等，让学生们在实践中学会互相配合、沟通和理解，引导学生们形成积极、健康的交友观念，让他们在成长过程中能够拥有更多的知心朋友和美好的回忆。

2. 培养道德判断和自主决策能力

（1）开展道德教育活动

这一活动除了传统的课堂讲授外，还可以通过播放道德教育短片、组织道德故事分享会等形式，以更加生动、直观的方式向学生展现道德行为的重要性。通过这些活动，班主任可以帮助学生明确道德标准，使他们能够清晰地认识到哪些行为是符合道德规范的，哪些行为是违背道德原则的。

（2）引入道德两难情境

设计一系列与学生日常生活紧密相连的道德两难情境，如："朋友想抄你的作业，你该如何选择？""如果你的朋友在考试中作弊，你会告诉老师吗？""如果你的朋友要求你一起欺负另一个

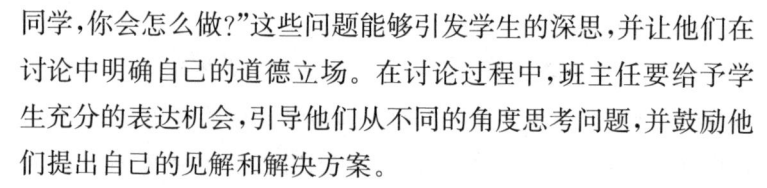

同学,你会怎么做?"这些问题能够引发学生的深思,并让他们在讨论中明确自己的道德立场。在讨论过程中,班主任要给予学生充分的表达机会,引导他们从不同的角度思考问题,并鼓励他们提出自己的见解和解决方案。

(3) 鼓励学生自主决策

在日常教学和班级管理中,班主任要给予学生更多的自主权和决策权。例如,可以让学生参与班级规则的制订,或者在组织班级活动时让学生负责策划和实施。这样可以让学生体验到决策的过程和结果,从而培养他们的决策能力和责任感,并促使他们在实践中学会如何权衡利弊、做出明智的选择。

3. 提升正确处理人际关系的能力

提升学生正确处理人际关系的能力,关键在于培养他们一系列关键的社交技能和情感管理能力。班主任可以通过实践活动和课堂教学相结合的方式,来实现这一目标。

(1) 开展社交技能训练

定期组织专门的社交技能训练课程,课程内容可以包括如何开启和维持对话、如何礼貌地提出自己的观点、如何理解和回应他人的情感等。这些训练可以通过情景剧演绎的方式进行。比如班主任可以设定一个"新朋友见面会"的场景,让学生扮演不同的角色,进行自我介绍、兴趣交流等对话练习。通过这样的训练,来提升学生的自信心,训练他们流畅地与他人交流,提升他们的社交能力。

(2) 培养学生的同理心

同理心是处理人际关系的重要能力,它能够帮助我们理解他人的感受和需求。为了培养学生的同理心,班主任可以通过故事讲述、情境模拟等方式,让学生置身于他人的角度思考问题,感受他人的喜怒哀乐。比如,班主任可以讲述一个关于友谊

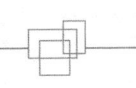

的小故事,故事中的人物因为误解而产生了矛盾。在讲述过程中,班主任可以引导学生思考:"如果你是故事中的某个人物,你会有什么感受?"通过这样的问题,激发学生的同理心,让他们学会设身处地地理解他人。

(3) 学习化解交往冲突

在同伴交往中,冲突是不可避免的。因此,班主任需要教会学生如何妥善处理冲突,化解矛盾。这包括学会倾听对方的观点、表达自己的感受和需求、寻找双方都能接受的解决方案等。班主任可以通过案例分析的方式,向学生展示成功解决冲突的例子,并引导学生讨论和思考:"在这种情况下,你会怎么做?"通过这样的讨论,学生可以学习到更多解决冲突的方法和技巧。

二、异性交往

中学生异性交往是青春期发展过程中一个自然而重要的部分。中学生应该正确认识并积极参与其中,学校、家庭和社会应该为中学生的异性交往提供积极的支持和引导。

学校可以通过开展相关课程和活动等方式,帮助学生了解异性交往的知识和技巧;家庭可以给予孩子充分的关爱、信任和尊重,鼓励他们与异性进行健康、自然的交往;社会可以营造积极、健康的文化氛围,促进中学生异性交往的健康发展。

【情境案例】

小辉是体育委员,长得高大帅气;小琳是英语课代表,长得活泼可爱。一次与学生交谈中,有同学反映他们俩关系非常"亲密",相处似乎超出一般同学的友情,当时班主任也只是听听,没有直接找他俩谈话。可能也是天意,没想到有天他俩手牵手在街上而被班主任给撞个正着。一见班主任,两个人的手迅速分开,脸上的表情变得很复杂:吃惊、尴尬、害怕……

【案例分析】

　　生命到了一定的季节,就会发芽,就会开花。正值青春期的学生会对异性表现出欣赏,甚至迷恋,这是青春之花在悄然盛开,既是他们生理上成熟的表现,也是学生心理上渴望关注和认可的表征。案例中小辉和小琳,一个是高大帅气、一个活泼可爱,两人形象气质俱佳,自然易获得相互的欣赏和吸引。此外,作为日常班级学习生活中的公众人物,班干部和课代表的身份,增加了两人相互接触和交流的机会,而班主任对两个人的高度评价和认可,进一步美化了两个人在彼此心目中的形象。种种原因下,两人互生好感,关系亲密。但在面对其他同学反映的问题时,班主任只是选择听一听,没有采取任何措施,过分信任两位同学,过于相信自己的判断,没有进一步了解和引导,导致事态进一步发展。由此可见,两个人朦胧情感的发生是自然的事情,本是无可厚非,但班主任缺乏及时有效的关心和引导则间接引发了他们的越轨行为。

　　那两位同学对异性交往的认识和态度是怎样的呢?

　　从两个人手牵手逛街可以看出,他们的一些行为已经不符合学生身份,超越了正常男女同学的界限,当撞见班主任后两个人的手迅速分开,说明了他们的矛盾心理,虽乐在其中却也深知这是不合适的行为,是不被家长和教师许可的行为。此外,他们脸上复杂的表情也说明两个人都很在意班主任的看法和评价,既羞愧于自己的言行又担心家长和老师的干预。种种迹象表明,两个人在异性交往事情上迫切需要师长正向积极的引导。

【学生有话说】

我从未想过会在这样关键的时刻陷入恋爱。一直以来,我都以学业为重,追求优秀成了我生活的全部。但是,自从遇见了她,一切都变得不一样了。我开始思考,什么是真正的优秀?是只有成绩和荣誉吗?还是也包括情感的丰富和人际的和谐?我发现,和她在一起时,我体验到了前所未有的快乐与幸福。这种感觉让我对优秀有了新的理解。我知道,有些人可能会质疑我,认为我现在的恋爱会影响到我的学业。但我想说的是,爱情并不是洪水猛兽,它也可以成为我前进的动力。和她一起,我们互相鼓励,共同进步,我相信我们的爱情会让我们变得更加优秀。当然,我也明白,恋爱中的我们需要更多的理智和自律。我们会控制好自己的情绪,不让它影响到学业。同时,我们也会珍惜这段感情,用心去经营它。

【方法策略】

1. 倾听心声,充分了解

同学之间的相处时间更长,日常沟通的内容也更真实。因此,班主任可以先从两位当事人的好朋友着手了解情况,如对待"恋爱"的态度,是否公开"恋人关系"等,在课间或休息时间悄悄观察他们在班级中的行为举止,从科任教师那里了解两个人上课听课状态及近期各科学习情况。为避免面对面沟通的尴尬和窘迫,还可借助"同学友谊"主题班会,邀请他们做话题分享,即:"在朋友相处的过程中会出现一种情况,突然发觉有点喜欢一位异性朋友或者发现你的异性朋友好像喜欢上你了,这个时候你会怎么做?"梳理自己对于这个问题的感受和经历。以一种温和的方式了解他们最真实的想法,也借此提醒他们关照、反思自己的言行。

2. 理解尊重,明确态度

大部分中学生对于青春期爱意存在偏激、错误的认识,也总认为家长和班主任会站在自己的对立面,这是那些简单粗暴、打击压抑的处理方式所造成的负面影响。这些方式背后所体现的成年人的高傲姿态难以获得青春期学生的认同,甚至会引起反感和抵触,加剧亲子、师生关系的紧张。负责任的成年人不会忘记自己曾经是孩子,青春期萌动的感情是人之常情,异性吸引是自然界普遍存在的规律。把这样的观点明确告诉学生,让他们知道老师是理解他们的,尊重他们的权利和青春的心灵。同时,明确告知学生异性相处中要懂得自尊自爱,把握好交往的尺度。

3. 获取信任,给出建议

其实成年人都能引导孩子,因为作为过来人的经验总不会差太多。往往问题的关键是孩子不想跟家长和老师说,也不愿意向成年人寻求帮助。与其说如何引导学生青春期的萌动,不如想如何成为他们信任的人。因为这种事触及学生最朴素的信任,有信任才会有倾诉,才会有寻求帮助的主动。了解、关心、理解和尊重都有助于提升师生之间相互的信任,在此基础上,班主任的建议才更具说服力和指导性。一是正确认识青春期萌动的情感,采取合理的方式疏解躁动的情绪,如写信、阅读、运动等;二是守护好青春的第一朵花,不随便掷弃,即注意异性交往的边界,抵制有违当前学生身份的言语和行为;三是理解对方,站在对方的角度思考问题,三思而后行,共同约束,做到真正关心对方。

4. 适时引导,坚定志向

青春的花期是一个时段,事情的发展无法像预设的程序那样按部就班地展开。面对新问题,班主任需要持续更新应对措施,给予当事人适时的引导,可能是男孩"移情别恋"伤透了女孩的心,也可能是女孩"认清现实"最终与男孩一刀两断,抑或是家

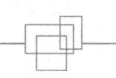

长参与其中,表现出忧心忡忡……总之,真实的处境往往比文字描述更复杂和曲折,面对如此多变的情景,班主任可坚守不变的处事原则就是"积极引导",即引导学生正确开展异性交往,引导家长正确对待孩子的异性交往。此外,帮助青春期学生树立远大的理想有助于他们更加辩证地看待和处理青春期萌动的情感。告诫学生把握现在,认清最该做什么,一定要坚定学业目标和方向,等具备了一定的能力才能拥有未来真正的幸福!

三、拒绝交往

学习是学生的主要任务,然而学习并不是孤立的,它与交往密切相关。交往是学生生活中必不可少的一部分,包括与同学、老师、家人和朋友的交往。通过交往,学生可以建立友谊、获得情感支持、分享经验和知识。交往对于学生的成长和发展具有重要影响。它可以帮助学生提高社交能力、培养合作精神、增强心理素质。同时,交往还可以促进学生的全面发展,使他们在学习之余也能够丰富自己的生活体验。因此,学生应该在学习与交往之间找到平衡。学生要制订合理的学习计划,确保完成学业任务,同时留出一定的时间进行交往活动,与同学、老师、家人和朋友保持联系,而不能封闭自己。通过平衡学习与交往,学生可以更好地实现个人成长和发展。

【情境案例】

升入高中以后,在晓婷同学看来,"万般皆下品,唯有读书高"。她是一个学习非常刻苦的学生,整日埋头学习。可是,她也有不少毛病:体育课能请假就请假,躲在教室里看书学习;班级活动基本不会参加,班上同学参加比赛,她也不会去给同学加油。久而久之,她没有什么朋友。大家也很少关注她在班级的一举一动,晓婷自己也开始觉得孤单起来。

【案例分析】

良好的同伴关系,对于学生的健康成长非常重要,一个人如果能生活在一个温馨的集体环境中,与周围的同学朋友建立起和谐的关系,就会消除孤独感,产生安全感,保持情绪的平静和稳定,否则就会感到孤独和压抑,进而影响学习生活,影响学生的心理健康。

青少年正处于自我意识觉醒阶段,他们在强调自我认识的同时也在摆脱"以自我为中心",这个过程可能出现的从众、排斥、拒绝、孤立,甚至欺凌等,容易演化为重大的压力性事件,从而造成心理创伤。

所以情境中晓婷同学这种与集体和同伴脱离的交往模式存在一定的问题,晓婷同学缺乏同伴交往正确认知。

首先,可能是由于她思想误区。因为在情境中提到在晓婷同学看来,"万般皆下品,唯有读书高"。可能在她的潜意识里面,学习是最重要的,其他的都是次要的。"我只要学习好,其他的都不在乎"。

其次,也可能是晓婷同学性格问题产生的心理偏差。她可能性格比较内向,容易将自己的心理活动自我封闭,不愿外露,不和同学谈心。也不愿意和同学交往,在学校没有同学的主动的情感支持,她自己也没有一定的主动性去和同学交往,没有体会到同学带来的快乐。

再次,也有可能来自晓婷父母家庭教育价值观的引导。父母可能也在家庭中给她灌输学习至上的价值观,让她习得了不良的交往模式。俗话说,父母是孩子的第一任老师,家庭是孩子

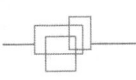

的第一个课堂,因此在家庭中所发生的一切,都给孩子以潜移默化的影响。孩子会把习得的交往模式,运用到自己的人际交往中去。所以作为家长可能缺少对晓婷与同学如何交往的指导,导致晓婷不会也不愿与同学交往。

最后,作为晓婷同学的班主任可能在引导晓婷转变与同学交往方面,也缺少一定的科学合理的指导。班主任应该通过班风的创建、班级丰富多彩活动的开展等,让晓婷同学尽快融入集体中,体会同学交往带给她内心的快乐。

【方法策略】

高中时期的学生,他们处于成长中的关键时期,世界观、人生观、价值观都在形成时期,需要面对心理上脱离父母而独立成长的渴望,又要面对学习、生活、生理上的各种变化带来的恐惧、孤独和烦恼。如果有良好的同伴关系则可以使这个阶段变得有支持,情感上得到最大限度的共鸣和理解。在同伴团体中还可以获得信息分享的机会,学习沟通合作和竞争,获得作为社会人的归属感。

1. 家庭学校都要转变教育观念,重视孩子的同伴交往

现代社会国家对教育十分重视,社会整体教育环境并不宽松,家长对教育的重视更是空前,对学生期待高,对学生学业水平关注程度比较高,而对于学生的心理健康教育和品德教育关注较少,对于孩子的同学交往重视程度也不够。然而随着青少年年龄的增长,同伴关系的重要性与日俱增,他们需要通过建立积极互惠的同伴关系来满足自己的归属需求,或通过锻炼自己的社交技能获得重要的社会支持。这有助于提高学生的自信心和自尊心;有助于学生更好地适应学校生活和社会环境;有助于学生获得更多的信息和资源,提高学习效果;有助于学生培养良

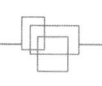

好的沟通能力和团队协作能力。

对于学生来说,同伴成为他们生活中重要的情感依恋对象,他们的课余时间,玩乐、倾诉和分享秘密的对象均将同伴放在首位,这也预示着他们的"重要他人"又增添了同伴。

2. 家庭中教会孩子形成正确的交往观,学会与人交往

孩子的行为举止、为人处世都会有家庭教育的影子。孩子的成长过程中,所处的主要环境依次是家庭、学校与社会,家长在家庭生活中一定要营造一个轻松愉悦、和谐友爱的家庭氛围,当一个家庭的父母关系、亲子关系较好时,往往就能使家庭中的孩子在家庭以外发展出良好的同伴关系与师生关系。

当孩子迈入一个新环境时,所运用到的人际交往策略往往是来自旧环境的经验。因此,除了通过与家庭成员相处时所习得的相处模式去进行人际交往,家长所教授给孩子的人际交往策略也对孩子产生至关重要的影响。家长从小就要对孩子的同伴交往进行引导,教会孩子在成长过程中必要的同伴交往经验,习得常见的交往技巧,让孩子在成长至青春期这一人生关键阶段时,与他人建立起正常的同伴关系,体会朋辈交往带给自己的美好体验。鼓励孩子在学校里多做好事,帮助别人,积极参与各种活动,不要害怕孩子会吃亏。

比如当孩子倾诉在学校与同伴发生矛盾时,家长可以从矛盾本身出发,客观地找到孩子在交往中因为什么引发的矛盾,找到其在同伴交往中出现的问题,并帮助其改正交往时不合适的做法。切不可一味指责对方,偏袒自己的孩子,这样会使孩子在班级中被孤立起来,容易产生孤单等不良情绪。当孩子在学校总是感觉被孤立时,家长也不可灌输类似的教育观,如在学校里有没有朋友不重要,只要学习好能考上理想的大学应该是最重要的。孩子在这样的价值观的引导下,就会形成错误的交友观念。

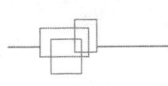

3. 班主任要创设情境,教授学生正确的交往技巧,体验交往的快乐

学生的学业压力大,同伴交往时间相对较少,但是班主任要在班集体中有意识培养学生的互助意识,教给学生正确的交往技巧与策略,培养其合作、分享意识,以及助人利他的行为。这样既有助于塑造学生健全的人格与端正的品行,也帮助学生在人际交往中更容易获得他人的认同与接纳,从而建立良好的同伴关系。

作为教师,坚持五育并举,尤其不能把学业成绩摆在学生成长、成人的首位。班主任不能一味用权威或经验主义"压制"学生。要增强学生集体归属感,加强团结的班风建设,让学生之间建立良好的同伴关系,鼓励每一位学生发挥个体潜能,积极参与到各项班级事务与学校活动中去,为集体贡献自己的力量,从而增强学生的集体归属感与班级凝聚力,避免学生间不必要矛盾的产生。

因此,可创设一个友爱互助的班级氛围,让学生敞开心扉,关爱他人,引导学生取长补短,扬长避短。丰富多彩的班级团建活动也是助力同伴关系融洽的重要方式。活动的开展让学生必须与同伴交流合作,融洽学生之间的关系,使学生感受到团队合作的重要性。

【拓展延伸】

同伴活动三则

(引用自"孙钦强名班主任工作室"微信公众号)

1. 盲走的快乐

设计意图:在学生状态有些疲惫的节点进行此游戏,可以有效调节班级氛围,培养学生团队合作和沟通能力,激活学生的热情。

场景选择:校道且有较多障碍物的路线,比如台阶、凳子、树木等障碍物。

团建准备:按照宿舍分组或者自由分组,将班级分为6组;眼罩1个,奖品若干;总指挥一人,计时员一人,戴眼罩助理1人。

游戏规则:按照分组,队员站好起点和终点位置等待并搭配一位同学带路,每位同学走单线到尽头即接龙到下一位同学,全部完成后的时间即为本组盲走时间,盲走时间最短的小组获胜。

2. 花开花落

设计意图:适用新老班级团建,培养同学们团结协作精神,凝聚班级。

游戏规则:所有人围成一个圈,每个人双手往后拉在一起,扣起来;脚靠着脚,手搭着肩;学习口令——花开花落,风吹草动。花开:所有人往后仰;花落:所有人弯腰;风吹:所有人往左侧身;草动:所有人往右侧身。听主持人喊口号做相对应的动作。

3. 坐地起立

设计意图:提高大家相互间的配合、包容以及增加相互的沟通,让学生了解相互合作的重要性,让学生团结友爱,激发奋斗精神。

游戏道具:一块空间足够大的空地。

游戏规则:6人一组,至少两组同时进行;6人坐在地上,背对背围成一圈,手挽手(手肘紧紧挽在一起);指令发出后,一起站起来;用时短的小组获胜,获得精美礼品一份。

第四章

团队并进　携手合育

当年轻的班主任走进刚入职的校园时,除了要面对陌生的学生和学生背后的家长群体,还要面对的是校园内不同类型的同事群体:年级组群体、教研组群体、班主任群体、师徒结队群体等合作群体,同时也要面对学校领导层、学校中层行政、业务前辈、同届同事等不同的角色群体。身处这些不同性质、不同工作方法的群体之中,对于刚入职的年轻教师或许会迷茫、忐忑和无助,甚至会出现社恐的现象。

如何有效指导班主任在教育教学过程中用良好的、合情的沟通技能,解决团队建设中存在的问题,以及怎样建立和谐的班级团队、合育团队等,使得班主任能借助这些团队的有效共融达到事半功倍的效果,这对年轻教师的自我成长是至关重要的。

第一节　团队合作的现状

在当今的教育环境中,教师团队合作的重要性日益凸显。有效的沟通不仅是团队合作的基石,更是提高教育质量,推动学校发展的重要保障。

然而,现实中教师团队之间的沟通现状却存在着诸多问题和挑战。我们探讨当前教师团队合作沟通的现状,分析其中存

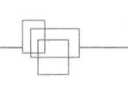

在的问题和原因,进而可提出相应的改进策略。通过深入了解教师之间的沟通现状,我们可以更好地理解团队合作的重要性,以及如何通过有效的沟通来提升教育教学的质量和效果。

在教师团队合作中,起到关键作用的是班主任。班主任在人际沟通方面面临的挑战是多方面的,但只要我们采取合适的策略和方法,这些挑战都是可以克服的。因此,我们应该重视班主任的人际沟通能力和团队协调能力的培养,为他们的专业成长提供有力支持。

一、社会环境现状分析

1. 数字网络时代的利与弊

在当今数字化飞速发展的时代,人们的生活已经被科技深深改变,社交媒体、智能设备和虚拟现实等技术正不断渗透到人们的工作生活中。各个地区都在创建智慧校园,有的已将人工智能和 AI 技术引入校园中,其中的利与弊如何平衡,是否会改变校园内最纯粹的交流沟通环境,是否会影响校园和谐的教育生态?

一方面,数字化智慧技术为校园内的教师提供了更多方便教学上的手段,帮助学生能直观体验各类知识的本源;也提供了更多的人与人之间沟通和联系的途径,使得人们之间的距离变得更近。

然而,与此同时,智慧教育也给校园生活带来了新的挑战和考验。利用智慧网络的各类平台,教师可以直接引用网络上的教案、课件等,切断了教师自主思考的通道,使数字网络只存在于技术层面的优势,阻碍了教师个性智慧的发挥。

另一方面,数字技术的存在让教师能迅速快捷地与领导、同事、家长、学生进行交流,但忽略了身边真实的人际关系问题,忽略了教育生态中真正的情感交流和理解,导致沟通的结果变得越来越缺乏深度和人情关爱。

2. 社会生活方式的沟通问题

现在的教师越来越年轻,很多是打游戏、看电脑,跟着触摸屏一起长大的90后,甚至00后,习惯了在网络谈笑风生。可走出网络后,他们在现实的人际沟通中则不如在网络世界那么自如。而人际沟通是教师,特别是班主任工作的核心技能之一。有效的沟通能够消除误解,增进理解,促进合作。对于班主任而言,这意味着要能够准确理解学生的需求,有效传达教育意图,同时与家长、同事和学校管理层建立良好的沟通机制。

可年轻一代的生活方式,使他们中的一部分人在与学生沟通时缺乏耐心和理解,导致学生产生抵触情绪;有的班主任在与家长沟通时缺乏技巧,导致家校合作不顺畅;还有的班主任在处理同事内部矛盾时缺乏方法,导致工作氛围紧张。

二、教育环境现状分析

当下教育生态环境下的班主任存在以下问题:一是对自己的工作认识不足,缺乏责任感;二是对学生的学习成绩与学习习惯不重视,不能正确处理与家长的关系;三是对班级的管理方式不科学,不能适应新形势下的教育要求。

人际沟通不畅是当前教育领域的一个突出问题,影响了班主任和学生之间的关系,也制约了教学质量的提升。在班主任的工作中,人际沟通能力的好坏直接影响着班级的合育团队建设。人际沟通能力包括有效沟通、情绪管理、倾听技巧等。有效沟通是指能够准确地传达信息,理解他人的意图,并能够产生共

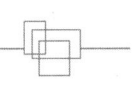

鸣和共识。情绪管理是指班主任在人际沟通过程中能够控制自己的情绪,表达积极的情感,并能够理解和应对他人的情绪。倾听技巧是指班主任能够主动倾听他人的意见和想法,并给予适当的反馈。从理论上讲,人际沟通可以在没有冗余信息的情况下发生,但是在实践中,年轻教师在有些方面的认识是模糊的。

在工作中,年轻教师,特别是班主任,模糊的发展目标和成长规划,会让年轻教师失去前进的动力。在与学生或家长的交流中,模糊的沟通和表达,会让沟通的彼此产生误解和隔阂。年轻班主任在自我认知中,模糊的态度和价值观会让他们迷失自我。这不仅会影响他们的职业发展和成就感,还可能对学生的成长产生不良影响。

提升班主任的人际沟通能力是一项长期而艰巨的任务。无论是班主任的人际沟通、学科育人的统筹、导生关系的处理、班集体的建设,还是校园同事关系的和谐,都需要通过有效的沟通来实现良好的教育效果和教育环境。人际沟通可以促进学生的学习和发展,提高教育质量,构建和谐校园。

需要注意的是,良好人际沟通并非一蹴而就的。在实践中,年轻的班主任还会遇到一些问题和挑战,如沟通障碍、冲突处理等。因此,年轻的班主任应该不断提升自己的沟通能力和解决问题的能力,加强与他人的沟通和合作,共同推动教育事业的发展。

第二节　智慧建设　集体成长

在学校教育中,班主任的角色至关重要。要成为一名合格的班主任是不容易的。班主任不仅是学校教育教学工作的主力军,也是一个班级的主要负责人;不仅要有实干精神,还要讲究

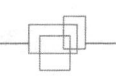

方法；不仅要熟悉学科教育教学的业务，还需要有广博的知识；不仅要有高超的组织管理水平，而且还需要有良好的人际沟通能力。同时他们不仅是知识的传授者，更是学生心灵的引导者，是班级和谐氛围的营造者。

在教育工作中，班主任的人际沟通也是起着至关重要的作用。班主任需要与学生、家长、教师和学校管理层进行有效的沟通，以促进学生的学习和发展。

对于校园内的团队建设而言，和谐对于学校整体的教育教学工作的顺利进行非常重要。班主任应注重与团队之间的合作与交流，共同探讨教学方法和教育理念，促进教学质量的提高。班主任可以参加学校组织的教研活动、教学观摩等，与同事分享教学经验和资源。此外，班主任还应尊重同事的意见和看法，建立良好的工作关系，共同为学校的发展和学生的成长而努力。

一、面对科任教师的告状

在教育工作，科任教师之间的"告状"现象并不罕见。当一位教师认为班级管理存在问题时，可能会直接将学生问题推向班主任。其实，这种"告状"行为往往涉及复杂的人际关系和教育理念，班主任需要妥善处理。

面对科任教师的"告状"，班主任首先要保持冷静和客观。不要急于做出判断或采取行动，而是要先了解事情的真相和背景。可以通过与科任教师沟通、观察课堂等方式，获取更全面的信息。其次，要尊重和理解科任教师的立场和感受。每位教师都有自己的教学风格和管理方式，可能存在差异和冲突。在面对"告状"时，要站在对方的角度思考问题，理解其担忧和诉求。同时，要积极寻求解决问题的方法。可以组织科任教师进行面

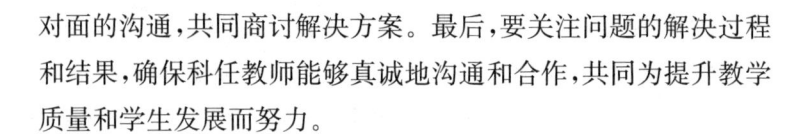

对面的沟通，共同商讨解决方案。最后，要关注问题的解决过程和结果，确保科任教师能够真诚地沟通和合作，共同为提升教学质量和学生发展而努力。

【情境案例】

英语老师向班主任张老师抱怨班里同学上课纪律很乱，总乱接话茬。张老师利用班会时间进行教育，倡议大家承诺上课不随便接话。在签名过程中，个性很强的王同学明确表示拒签，理由是承诺是自愿的，而不是被强迫，他有不签的自由。再说科任教师讲课出现了错误，难道不应该指出吗？他的话引起了部分同学的共鸣，很多学生也开始犹豫起来，大家议论纷纷。

【案例分析】

1. 学生层面

每位学生都是一个独立的个体。在社会飞速发展的今天，学生接触的知识非常广泛，因此他们个性明显，注重自由，敢于直言不讳。然而，这也导致了有些学生缺乏规则意识，无视校纪校规。他们将无理取闹视为发展个性的方式，将随意发表言论视为解决问题的方法。这一切都是因为学生在成长过程中缺乏对尊师重道和为人处世的引导。

2. 教师层面

从案例描述中可以看出，英语教师抱怨班级情况时可能已经到了无法忍受的地步。这表明该教师在与学生沟通时缺乏技巧，导致师生关系僵化。每位教师都应该受到尊重，尊严是每个人的基本权利。面对"课堂上连学生都管不住"的风险，教师不会在同事面前暴露自己的无力感。因此，可以说这位教师在与学生沟通中缺乏技巧，没有建立良好的师生关系。

3. 班集体层面

案例中的王同学是一位个性鲜明的学生,其他同学对他的发言产生了共鸣。这说明班级中的不少学生也缺乏规则意识,对课堂纪律也没有完全认同,同样缺乏对教师的基本尊重。可以看出,班主任在平时对课堂管理、班风建设和集体意识培养方面存在欠缺,才会出现案例中的情况。

作为另一个关键人物,英语老师也感到不平静。他可能会说:"现在的学生真是越来越不像话了,竟然在课堂上随意插话,搞得我一节课都上不下去。我同时教授两个班级的英语,另一个班级的课堂秩序很好,为什么这个班级这么乱呢?肯定是班风不正,我要向班主任反映,要求班主任严肃处理他们。"

【班主任有话说】

作为班主任,我深知每一位科任教师都是出于对学生负责的态度,才会将学生的问题反映给我。但我也明白,课堂上的问题往往只是冰山一角,真正的问题可能隐藏在学生的日常生活、家庭环境、心理状态等多个层面。学生提出问题、质疑权威,这是他们成长的标志,也是教育过程中不可或缺的部分。我们不应简单地将其视为问题,而应视为教育的契机。这需要我们班主任和科任教师共同努力,引导学生正确面对问题,积极寻找答案。此外,每一位学生都是独一无二的个体,他们有着各自的特点和优势。我们不能因为他们在课堂上的一些表现,就对他们下定论。相反,我们应该深入了解他们的内心世界,发现他们的潜能,帮助他们充分发挥自己的优势。

作为班主任,我希望与科任教师共同合作,不仅关注学生的课堂表现,更关注学生的全面发展。让我们共同努力,为学生创造一个和谐、包容、积极向上的学习环境,让每一位学生都能在这里找到属于自己的天空。

【方法策略】

根据案例描述,王同学对英语课的质疑并非一时冲动,他之所以对英语老师的教学"不认可",是因为英语老师在课堂上出现了错误。在这种情况下,作为班主任,可以采取以下几种方法来解决问题。

1. 传道解惑,共助成长

如果确实出现了王同学所说的情况,即英语教师在讲课中出现错误,那么可以初步判断这位英语教师可能是一名年轻的新教师。班主任可以传授一些课堂管理技巧给英语教师。学生具有非黑即白的是非观,只有当教师的专业素养过硬,在学科知识上赢得学生的"崇拜",才能有效教育学生。

班主任可以在课下安排一次三方会谈,参与者包括王同学、英语教师和班主任,再次明确课堂纪律要求,并要求王同学向英语教师道歉。同时,也肯定王同学对英语学习的认真态度,鼓励他继续保持学习的热情,但要用适当的方式提出自己的疑问,实现"以礼待人,教学相长"。

2. 相处有道,师生共融

班主任不能允许科任教师和学生之间的关系紧张。在此之后,班主任应创造科任教师与学生之间相处的机会,促进双方关系的融洽。

这个机会不是让科任教师多上几节课,而是在班级有集体活动时邀请科任教师参与。在班级活动中,科任教师与学生接触后,师生关系自然会更加亲近。学生会感受到这位教师也是不错的人,课堂上也就不会那么"闹腾"了。因为我们发现,一些学生在某些科任教师的课堂上会"捣蛋",可能是因为科任教师与学生之间的心理距离很远,学生根本不听老师讲话。

3. 家校合作,教之有法

教育是一门多元化的学问,学生的不当行为背后不仅与性格和习惯有关,还与家庭教育有关。班主任应该寻找问题的根源,不受表面情况的干扰。

面对王同学的情况,班主任也要思考,这种行为背后是否存在家庭教育的因素。班主任可以作为中间人,安排一次班主任、科任教师和学生家长的三方会谈,坦诚地讨论学生近期的表现和学习情况,让家长感受到教师对孩子的关心。三方会谈通常会产生积极的效果,家长听完情况后肯定会认识到自己孩子的问题。同时,科任教师会感受到班主任真心实意地帮助解决问题,并与班主任一起为班级学生的学习努力。

4. 群体动力,共同成长

当来自不同家庭的学生与教师组成一个班级集体时,个体之间不断相互作用、相互适应,形成班级集体规范和凝聚力,影响和规范着班级中个体的行为,最终改变整个班级的行为。因此,作为班主任,无论哪个个体出现问题,都必须采取措施让个体逐步回归到班级规范,以实现师生共同成长。

二、面对不同特点的班集体

班主任的工作对象不仅仅是不同性格特点的学生个体,还有很多学生组成的风格迥异的集体。班集体是按照班级授课制的培养目标和教育规范组织起来的,以共同学习活动和直接性人际交往为特征的社会心理共同体。因此班集体建设初期的主要性格特点是由组成学生的性格特点决定的,而班集体建设后期的主要性格特点受到班主任的影响较大。人们常说:"什么样

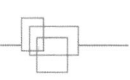

的班主任就会有什么样的班级。"这一方面是学生对班主任的认同和模仿决定的,另一方面是班主任的理念决定的。

班级建设的主要目的是通过集体涵育个人,从而成全每位学生的成长。因此班主任不可将同一套方法生搬硬套到另一个班级,应当因材施教、以学定教,这样才能更好地开展班主任工作。

【情境案例】

6月中考后,王老师的第一届学生毕业,王老师信心满满,因为上一届学生无论是学业水平还是班级风气都非常令王老师满意,作为一位新班主任,他非常期待自己的下一届学生,并且已经做好了新一届班级的带班育人方略。

在忙碌的9月份中,班级进行了国防教育、习惯养成教育、班级各项常规制度建设等一系列的活动,弄得王老师身心疲惫,因为新一届的孩子们大部分都像小朋友,活泼、好动、行为习惯较差,虽然他们对学校生活充满热情,渴望展示。新班级和上一届学生的性格特征截然不同,好多原本可行的教育方法到了新班级毫无作用。王老师原本的计划全被打乱了,每天疲于应付班级出现的各种事情,刚刚积累的班主任经验非但没有派上用场,有时还会"帮倒忙"。

【案例分析】

案例中王老师的困惑,相信很多班主任也都遇到过。首先要明确一个观点:每位学生都是一个独立的个体,班主任作为学生成长过程中的"重要他人",要做的是成全每位学生的成长。因此,班主任必须在班集体建立之初就要对班级进行学情分析,基于学情来制订带班育人方略。

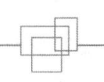

带班的过程也是积累经验的过程,班主任也经常会发现,虽然带了几届学生,但是碰到新的学生,原来的带班方法可能并不适用。而班主任实践经验不容易通过书本学习获得,因此老教师的"传帮带"对新教师的成长有很大的帮助。虽然年轻教师血气方刚,在工作上积极热情,但往往也会因为现实中的种种问题而止步不前,导致工作不顺心,没有成就感。教育需要不断修炼,经历的磨砺越多,积累的经验就越多。本案例中有两个方面需要关注。

1. 活泼、好动、行为习惯较差的学生该如何应对

首先,班主任要情绪稳定,做好心理准备。这样的学生优点和缺点都很明显,作为班主任千万不能因为学生的习惯较差,而对学生大吼大叫。好动是孩子的天性,是儿童重要的特征之一。对于学生正常的天性好动不要多加指责、管教。不是嗓门高就能产生立竿见影的效果,大吼大叫反而让学生觉得老师的尊严扫地,最后大家都发脾气,愈演愈烈,变成哭闹与打骂,教育效果几乎为零,也很容易造成学生的心理逆反。因此班主任要能够提前预料到学生可能犯的错误,并做好预案和教育。

其次,在习惯养成方面要做好制度建设、榜样示范、及时反馈。因为任何一位习惯不好的学生,绝大多数都是在家庭教育的过程中家长不重视导致的,所以在班集体的习惯养成教育中,一定要对于各项常规习惯有规定、有考核,才能让学生意识到注意自己的行为习惯。并且此类学生还存在另一个问题,就是不知道怎么做才是好的。因此榜样的示范非常重要,在习惯养成的过程中学生会经常产生各种各样的错误,作为班主任要及时对学生的优点进行表扬,不足之处要带着学生一起分析,每周进行评价反馈。这样才能帮助此类学生尽快地养成良好的行为习惯。

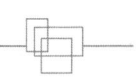

从班级管理的角度来看，活泼、好动、行为习惯较差的学生确实会给班主任的管理带来极大的难度，卫生、学业、班级风气都会产生一定的问题，但是如果班主任仅仅希望这类学生"不给自己惹事"，那么便不容易控制自己的情绪，可能会对班级学生产生厌恶之情，进而变成师生对立的局面，每天上演"警察抓小偷"和"消防员灭火"，因此班主任要通过自己的耐心、爱心，构建积极向上的班级风气，进而培养孩子的习惯认同。

2. 之前的带班经验该何去何从

班级像木材，班主任像木匠。但是不同的木材，雕刻方法不同。有的可以变成柱子，因为质地坚硬；有的可以变成茶盘，因为吸水性好。一根木材能成为什么完全基于自身特点，由木匠用巧思雕刻而成。学生也是同样的，因此以前的带班经验不能直接套用，而是要将其中的成功经验、失败反思及时优化，针对新班级的特点来实施。

案例中的王老师之所以每天忙得像"救火"队员，正是因为将新的班级当作上一届班级看待，但是学生的性格特点、成长经历、目标方向完全不同，我们不能要求每一位学生都能达到我们的要求，而是根据学生的最近发展区，以学生能够得着的目标来指定要求。这样王老师的压力会小一些。

【教师有话说】

学生从性格特点上大致可以分为两类：沉闷的和活泼的。沉闷的学生可能会使班级纪律好一些，但是活动开展就比较困难。活泼的可能会使纪律较差，但是班级活动开展可能会比较顺利。因此没有绝对正确的班级特点，只有不同。往往班级中都会活泼和沉闷的学生并存，这其实是一件非常好的事情。从学生的角度，沉闷的学生可能会想："有人愿意主动去说一说，说

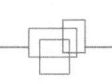

得挺好的。哎？大家都在说，我要不也说一说试试看？"活跃的学生可能会想："他说得挺好的，原来有的人不是没有想法，只是想认真思考后再发言，我下回也得想一想了，不能张嘴就说。"这不仅仅能够带动其他学生积极发言，还能活跃班级气氛，促进想法、意见的多元化，一举两得。

【方法策略】

　　作为班主任，该如何在不同类型的班集体之间转变自己的工作方式呢？其实一个班级有一个班级带班的方法，不能一概而论。但是无论何种类型的班级，都有一些东西是必须做的。因此班主任要做好以下几点。

　　1. 无论何种类型班级，坚定带班"底线"——矫正认知偏差

　　对于班主任工作极具挑战性的是后进生的转化。因为后进生往往存在认知偏差、行为习惯不好、不尊重他人等问题。如果放任后进生自由发展，他们往往会"同化"其他同学，进而影响班级风气，阻碍其他学生个人发展。

　　矫正行为习惯的第一步应当是矫正认知偏差。班主任要收集该学生相关案例并进行分析，寻找学生生活中存在认知偏差的具体问题，提前和家长联系沟通，并取得家长支持。在一切准备就绪后，班主任要积极和学生开展交流谈话，关心学生情绪的同时，帮助学生明是非、找原因。

　　某些学生表面看似固执，实则内心细腻敏感。然而，由于错误的观念和行为未能得到及时引导和纠正，加之家庭教育方式存在缺陷，导致他们缺乏自我约束和自我追求。在教导这类学生时，班主任需具备充足的耐心、坚定的恒心和无尽的爱意。每位学生都渴望得到关注，因此班主任务必悉心观察，寻找合适的教育切入点。通过运用"放大镜"发掘他们的优点，以期实现以

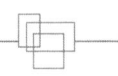

点带面的教育效果,助力学生实现蜕变,破茧成蝶。

不仅仅是后进生转化,班级中还会存在后进"非正式群体"、不良风气等,解决这些问题同样需要及时进行认知偏差的矫正。

2. 无论何种类型班级,提高带班"下限"——做好常规管理

有的班主任可能希望班级活跃一点,这样学生的生命力和创造力会让班级呈现良好态势,但是如果没有做好班级的常规管理,那么班级就会从"活跃"转变为"混乱",进而"失控"。做好常规管理,班主任可以试着做到以下几点。

(1) 明确要求,制订班级公约

在构建班级公约的过程中,班主任需要克服的是自身的"贪心"。一份多达 50 条细则的班级公约,在实际操作中却往往成效不佳,如同一堂未能聚焦的课,学生感受到处都是重点,却又无法全面落实,从而无法达到预期效果。实际上,一份高效的班级公约,10 条细则已足够。在制订过程中,提前与学生约定,遵循"一页"原则,力求将公约精简至 10 条以内。大家共同贡献智慧,罗列众多条款,然后逐一筛选、鉴别,最终形成简洁明了的班级公约。这一过程也是引导学生深入挖掘问题,找出现阶段需重点解决的行为问题的过程。

一份优秀的班级公约,必定是全体成员积极参与的成果。公约的最终目的是在班主任或导师的指导下,实现班级学生的自我管理和自我教育。因此,班级自主管理的主体是学生,班主任或导师仅作为顾问和指导者,我们需首先明确这一点。此外,学生自治和直接参与班级教育教学管理的探索,不仅是推动学校民主管理进程、提高班级管理效益的重要途径,更是提升学生自主教育,培养合格公民的德育策略。班主任需要转变观念,大胆放手,确保学生成为班级的主人,自我行为的主导者。

各个班级都有其独特之处，有的班级学生富有创造力，思维大胆，富有想象力，语言组织能力强；有的班级学生可能较为内敛，文字表达稍显刻板；有的班级情感丰富，用词偏重感性和文艺；有的班级学生或许缺乏创新，能列举问题，但不擅表达，但借鉴能力较强。无论何种特点的班级，都能制订出学生易于接受的班级公约，这样的公约更具班级特色，能更有针对性地指导学生规范个人行为。

班主任还需遵循定期反思的原则。制订好班级公约后，学生需努力达成目标。但在实现美好愿景前，需面对自身的惯性，定期反思是提升自身素质的有效方式。每天的午间小班会，每月的总结班会均为良好的反思时机。让学生根据公约细则对照自身行为，反思并设定今后的行为目标。例如，本月已达成哪些条款，下一个月，重点改进目标是哪一条。最后，让学生分享自己的收获和体会。一月一次的反思，有助于学生更加重视自身言行，逐步养成自我管理的好习惯。

同时，班主任还需遵循定期和不定期更新公约的原则。每个学期初，班级公约应进行一次更新或重新制订，以帮助学生在新学期伊始重新审视班级和自我需求，根据学期阶段性任务和自身发展需要制订实际可行的公约，助力成长。此外，若在过程中发现已不适用的公约，可与学生商定后共同修订和完善。

（2）榜样示范，及时分布训练与强化

在实际教育教学中，班主任会发现即使制订了班级公约，有时学生依然不知道怎么做，或者不知道做到什么程度是好的，这时班主任可以通过习惯养成月的一系列活动选出部分表现优异的学生，利用集体教育活动时间带着大家学习他们身上的优点。并制订习惯养成的标准，例如，物品摆放、说话做事的要求、书写要求、列队要求等。并且及时进行分布训练与强化，例如当发现

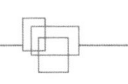

班级路队不整齐时,要及时进行整改,并从负责人、态度、方法等方面及时进行培训和调整,如果学生态度端正,但是习惯反复不符合老师的要求时,作为班主任也要及时反思该要求是否合理,学生是否有什么困难?

(3) 给予赞美和鼓励,施以适度的惩罚

要让班主任的表扬有意义,才能让学生重视班主任的要求。为了使学生深刻认识到学习与个人成长的紧密联系,教育者应着重关注并精准把握学生日常生活中的重要节点与事件。

首要之务是关注学生生活中的"第一次"经历,这些初体验往往为学生设定了行为规范和价值观的基础。其次,班主任需敏锐捕捉那些具有深远影响和重大意义的生活事件。例如,习惯不好的学生第一次整理好自己的桌洞时、书写不好的学生第一次工工整整地写出作业时、语言不文明的学生主动改变自己的说话方式时等,在这些时刻及时给予表扬,同时鼓励学生再接再厉,班主任要重视这些时刻,因为这些时刻往往为学生提供了反思和成长的契机。而学生如有反复,可适当做一些批评。

同时班主任还需特别关注那些触动学生内心世界的个体事件,如遭遇挫折、无人理解、朋友绝交等,通过积极引导和支持,帮助学生从中汲取智慧,实现个人成长和进步。通过这样有针对性的指导和关怀,班主任能够更有效地引导学生明确新的行为准则,深化他们对学习与成长关联性的理解,进而认同班主任和班集体的教育观点。

习惯虽然为外显行为,却是根植于内心的,其中核心的是个人的习惯认同。只有通过公约制订、榜样的引领、师生情感的链接,才能真正让学生认同班主任管理班级的教育初衷。

3. 无论何种类型班级,不设带班"上限"——成全个人发展

当做好以上几点时,班级往往会呈现较为稳定的态势。此

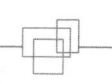

时班主任一定不能自我满足,因为班主任的核心工作是育人。作为班主任,在做好常规管理、后进生转化后,可以根据班级不同学生的特点,适时搭建舞台,助力学生在最近发展区内发掘自己的潜力,实现自我成长。而不能将学业目标强行作为班级发展的最终目标和学生成长的唯一目标,这样会让学生忽视自身的闪光点,未免太可惜了。

其实班主任都会发现班级里几乎都会有这样几个角色,如能歌善舞的、乐观开朗的、能说会道的、充满正义的、搞笑的、忧郁的,等等。作为班主任有没有充分利用他们各自的优点呢?例如,通过发现班级建设过程中的问题,来举办班级微型辩论比赛。通过反转情景剧,在解决亲子沟通问题的同时给部分学生展示自我的舞台。通过劳动项目化课程给学生接触大自然的机会,给喜欢昆虫、农村作物的学生一个表现的舞台。通过文艺会演、演讲比赛给有相应才能的学生一个难忘的回忆。通过集体生日、时间胶囊给缺爱、忧郁的学生一点温暖。

学业不是唯一的标准,幸福才是。班主任需常常提醒自己调整心态,抛弃功利之心,给每一位学生留以尊严,让他们在潜移默化中学会自尊、学会自爱,进而敬人、爱人;让他们在成长旅程中铭记快乐,忘掉烦恼,修正错误,找到正确的方向。每一个不同的班集体都是为了提醒班主任曾经也有的梦想,把学生看成一块块璞玉,不断打磨、精雕细琢;同时班主任也在不断被打磨、被精雕细琢,然后重放异彩!

【拓展延伸】

手指的"威力"团辅游戏

团辅目标:通过团辅游戏,首先让学生感受如果有统一的目标,班集体成员通过相互合作可以产生巨大的力量,增强班级的凝聚力。其次，让班集体成员和科任教师感受到班级管理中每个人都应该在能力范围内发挥最大的潜能。

团辅规则：选取一名体重适宜(60千克左右)的学生作为被试者，让其平躺在教室的桌面上。选取同学若干位(8—12位，或再多一点)，统一伸出两根手指，用手指一起托住被试者身体的各个部位，关键托住头、颈、两肩、背部、臀部以及大小腿和脚，同学分成两侧。统一口令后，一起用劲，学生被高高的顶起。

如果失败，可以总结失败的原因继续尝试。

团辅意义：此团辅游戏可使班级学生和各科任教师深刻地感受到，力量必须在目标一致的情况下才能产生巨大的合力，不管是科任教师还是学生，如果在班集体的建设中大家都有各自的想法，目标不一致，班集体的凝聚力就很难形成，也要感受到班集体的建设离不开每一位学生和班级每一位老师的努力，每个人都需要为集体贡献出一份力量，使班集体更优秀。真正了解"人心齐，泰山移"的道理。

第三节　班级合育　双向奔赴

班级合育团队建设成为当前教育工作中的重要挑战之一，需要加强教师之间的协作和合作。班级合育团队的建设是教育工作中的重要任务之一，它对于学生的全面发展和班级的和谐稳定起着关键作用。

班主任应积极参与班级活动，组织各类集体活动，促进班级成员之间的交流和合作。班主任可以通过定期班会、班级团队建设活动等方式，培养学生的合作意识和团队精神。此外，班主任还应关注班级氛围的营造，鼓励学生互相尊重、包容和帮助，

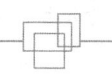

营造一个积极向上的学习环境。

一、"混乱"的班级管理

班级管理犹如一艘航行在知识海洋中的海轮,掌舵者班主任,则需要在这艘海轮上巧妙地把握航向,既要保证"航行"的稳定,又要确保船上的每一位"乘客"都能在航行中自由探索、成长。

然而,现实的班级管理中往往充满了"杂乱""无序"。这可能源于学生个性的多样性、教学资源的有限性,以及教育环境的复杂性;也可能是因为班主任的管理意识淡漠、教育管理能力欠缺、统筹协调能力不足。

如何在这样的背景下,实现班级管理的有序与高效,同时又不扼杀学生的创造力和探索精神,成为每一位班主任需要面对的挑战。

【情境案例】

在过去的一年里,钱老师一直很头疼,因为班上不断地出事,不是有学生打架了,就是有学生沉迷上网几天不来上学了。钱老师忙于处理这些事情,但问题还是不断发生。为此,她向本校资深的赵老师请教。在她看来,赵老师每天并不是很忙乱,但班上风气好,同学们都热爱学习,关心集体,师生关系非常融洽。

【案例分析】

1. 立足本身,找寻根源

列夫·托尔斯泰说过:"幸福的家庭总是相似的,而不幸的家庭却各有各的不幸。"班级管理亦是如此。案例中钱老师所带

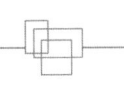

的这个班级，为什么总是事情不断？如果单纯把问题聚焦到学生身上，是不合适的。任何问题都是立体呈现的，不会因为个体或一个群体的问题而出现。因此，除了从学生身上找原因，更多的还要从这个班级的直接管理者——班主任钱老师身上寻找一下问题。

钱老师与赵老师，一位是忙乱无章，一位是从容淡定。而所带的班级，一个班风差、无集体观念，一个班风正、集体意识强。从教师的状态和班级的氛围，可以看出钱老师在班级管理上是缺乏技巧与方法的。一个班集体，必须要有良好的班风，所谓班风是由班级成员共同营造的一种集体氛围，反映了班级成员的整体精神风貌与个性特点，体现出班级的内在品格与外部形象。而钱老师的班级学生打架、上网、旷课……因此摆在钱老师面前的第一问题就是如何建立一个积极正向的班集体。

2. 身正为范，德高为师

作为班主任，需要思考的是你手上就是这样一支队伍，你如何将他们打造？如果一味抱怨生源，根本于事无补。班级管理的成功在于在原有的基础上使班级整体和学生个体都能获得和谐的发展。作为班主任，在进行专业学习时就知道榜样示范的作用和意义。如果班主任不作为，班级的教育和管理就会跟不上，一个再好的班级也都有可能在很短时间内变得混乱。因此，作为班主任的钱老师，不能一味只"教"不"育"，而要用行动让学生信服，用行动让学生和老师之间建立一个互信的桥梁。

3. 性格使然，无谋无略

案例中钱老师的学生总是不断出现各种状况，钱老师也很辛苦地在处理问题，可问题却总是周而复始地出现。由此我们可以发现班主任的个性或许比较软弱，而且也缺乏带班经验。这样的班主任，往往开始的时候，班级会出现一片其乐融融的假

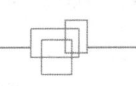

象,当学生完全了解钱老师后,学生就会去触碰班主任的底线,就会出现班级问题他处理不了,学生开始不服管教,甚至开始对着干,最终结局往往是班主任狼狈离场向他人寻求帮助。

【班主任有话说】

　　作为班主任,我每天都在积极应对班级里发生的各种问题,努力化解学生之间的矛盾,与家长保持紧密的沟通。然而,即使付出了巨大的努力,有时班级管理仍然难以取得明显的进步。而身边的赵老师却应对自如,能轻松解决各种突发情况。在学习与沟通之后,我明白了班级管理是一项复杂而细致的工作,涉及学生的情感、学习、生活等多个方面。学生之间的矛盾和冲突是班级管理中常见的问题。这些矛盾可能源于性格差异、学习压力、家庭背景等多种因素。作为班主任在处理这些问题时,需要耐心倾听、公正裁决,并引导学生学会换位思考和理解他人。因此,班主任需要加强与学生的沟通和交流,了解他们的需求和想法,从而制订出更加贴近实际的管理策略,为学生的学校生活创造更加良好的环境。

【方法策略】

　　1. 定规划,立规矩

　　年轻的班主任很多时候是班级管理的方法不对,也缺乏技巧。作为班主任,要思考的就是上面提及的问题:你手上就是这样一支队伍,你如何将他们打造?

　　班主任可先做一个班级建设规划表。

班级建设规划表

总体育人目标	
班级建设目标	
学生发展目标	
班级阶段目标	（　）年级
	（　）年级
	（　）年级
学生阶段目标	（　）年级
	（　）年级
	（　）年级

制订班级建设规划后，班主任就可以通过与学生一起制订班规、班级奖惩措施，把学生的关注点转移到班级建设中来，把学生的精力引到向好的方向来。当然对于个别调皮学生，可以开展个别谈话，但要注意的是这类学生请不要在教室或者集体场合进行批评，目的就是让他知道靠违纪是无法引起你的注意，也无法吸引班级的其他同学。

2. 巧构思，创氛围

《荀子·劝学》中说道："君子居必择乡，游必就士。"意思是君子住的地方必然会选择好的邻居，出游必定要接近有学问品行的人（以免染恶习）。这句话强调的是环境对人的影响。作为班主任，还要重视教室的环境建设。教室首先要做到的是卫生整洁，其次可以调动学生的才能，用学生的作品布置教室的每个角落，把与学生共商的班级约定放在教室的显眼处，在条件允许的情况下，可以在教室内设置劳动种植区、阅读鉴赏区、游戏活动区等。让学生感受到教室的温馨，感受到班主任对他们的爱，

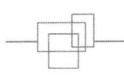

在充满爱的环境中,能平复学生的冲动行为,不断改变他们的不良习惯。

3. 正强化,巧教育

案例中的钱老师,总是在解决各种问题中忙碌,班级管理的方法不当是可以肯定的。在校园里,很多班主任往往喜欢用呵斥、否定、控制的方式进行教育。这种方式可能会瞬间见效,特别容易控制住班级里混乱的局面。但这些方式也有很大的反向作用,那就是控制手段要不断升级,怒吼声会越来越大。这样的结果只会让师生的距离越来越远。班主任一定要坚持温和而坚定的教育,不断用正向强化的方法要求学生改正。相信在老师的坚持之下,学生也会慢慢正视自己的问题并改正。

二、合育,共树班风班貌

学生的成长不仅受到学校教育的影响,朋友、长辈和家庭也起着非常重要的作用。因为个人力量的资源、信息、能力有限,以往班主任唱"独角戏"似的班级育人模式已无法适应当前社会发展和人才培养的需求,只有构建多元发展、协同共生的班级合育团队,实现全员育人、全程育人、全方位育人,才能更好地促进学生全面发展,培养社会主义现代化建设所需要的合格人才。

【情境案例】

上午大锻炼时间段,初一(4)班班主任正常跟随班级出操,却发现班级参加锻炼的人数较少,便向体育委员进行询问,体育委员告诉班主任:"有10名同学被英语老师留在办公室默写单词了。"看着班级参与锻炼的学生,班主任回忆了一下,开学两个月来,无论是课间锻炼还是晚上放学都有不少学生被留下来默

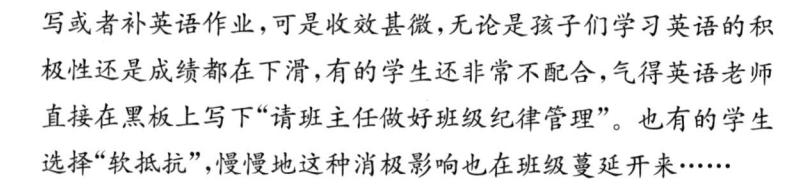

写或者补英语作业,可是收效甚微,无论是孩子们学习英语的积极性还是成绩都在下滑,有的学生还非常不配合,气得英语老师直接在黑板上写下"请班主任做好班级纪律管理"。也有的学生选择"软抵抗",慢慢地这种消极影响也在班级蔓延开来……

【案例分析】

对于班级来说,科任教师究竟是客人还是主人呢?每位班主任在工作中都会碰到不同类型的科任教师,有认真负责的、一切随缘的,还有的只关心课堂,出了教室一切与我无关,也有副班主任类型的科任教师。但是无论是哪一种科任教师,作为班主任都需要明确一点:班主任是班级教师群体共育的重要组织者和引领者,要努力协调班级科任教师之间的关系,充分发挥科任教师的群体效应,形成教育合力。对本案例进行分析,有如下几个地方需要引起注意。

1. 课间锻炼或晚上放学都有学生被"留堂"

首先需要明确该科任教师"留堂"行为的出发点是好的,但是方式需要改进。对于学生的成长来说,德智体美劳都要发展,不应当过多占用学生的课余休息时间。江苏省教育厅下发《关于印发江苏省儿童青少年近视防控工作责任清单(试行)的通知》,明确班主任、科任教师近视防控责任。该通知提到了科任教师"按时下课、不拖堂,严禁利用各种方式变相占用学生课间休息时间和体育课、大课间等体育活动课时间,优化教学和作业量,切实减轻学业过重课业负担"。

并且"留堂"行为存在较大的安全隐患,放学后如果学生无人接送怎么办?如果学生因为天黑在教学楼内摔倒了怎么办?如果学生长期留堂缺乏其他活动,导致恶性循环怎么办?这些都是问题,但是不对孩子进行单独辅导,又会导致学生学业水平

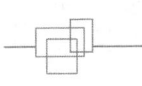

下降。因此作为班主任要及时介入,和科任教师共同商议解决策略,寻找问题解决的突破口。

学生真的希望自己被"留堂"吗?虽然教师利用自己休息的时间帮学生补课,目的是想学生跟上学习进度,学到更多的知识,但是在学生看来,"留堂",一方面是担心人际关系变差,同学无意识会给"留堂"的贴上"差生"的标签,另一方面,强制被迫去学习,学生会产生抗拒心理,不要说提高学习效率,还会影响学习,甚至对学习失去兴趣。

反复因为某一学科被"留堂"会导致学生缺乏成功经验,自我效能感低,产生习得性无助。自我效能感指一个人对自己是否有能力完成某一行为所进行的推测与判断。说白了就是关于"我能把这件事做好吗"的自我回答,以往的成功和失败的体验,这是影响学生自我效能感的重要因素。只有自我效能感高的学生,才会拥有自信,勇于挑战困难,相信自己有能力完成生活与学习中的任务。

2.课堂纪律不佳导致英语教师直接在黑板上写下"请班主任做好班级纪律管理"

从这个留言来看,科任教师将课堂管理的任务交给了班主任,但是作为教育工作者应是全员育人,这实际上人为地或不自觉地分成了两派。部分教师上课时将本该自己解决教育的难题和个体推给了班主任,让班主任肩上的担子越来越重。因此班主任要及时和科任教师展开沟通,促进教师合育团队的沟通互助。如果一位教师心里只是装着自己任教的学科,只是希望学生在自己学科上考一个好的分数,当教育窄化为教学,教学窄化为分数时,师生的生命只剩下冷冰冰的数据,真正的教育已经被抽离了。

同时,英语教师选择在黑板上留言而非直接告诉班主任,说明班级教师团队之间也缺乏沟通。班级呈动态发展的趋势,学生状态瞬息万变,突发情况,时有发生。因此,教师对学生各方面的表现情况应及时地彼此互通、反馈情况、交换意见,及时把不良风气和事故因素消灭在萌芽状态,做到防患于未然;积极宣传表彰好人好事、传播正能量。

3. 部分学生的"软抵抗"行为,以及学习英语的积极性还有成绩都在下滑

从表面看,"软对抗"是因为学生对班集体安排或教师的工作安排、事件处理、评价等不满而引起的。主要表现形式为以下几点。

(1)"冷战"的学生

学生心里不服班主任的批评,表面上可能点头称是,但心里并不认同。他们见到班主任可能会故意疏远,甚至都不打招呼,态度冷淡。班主任想和他们谈谈心,他们还可能摆出一副满不在乎的样子。

(2)"不合作"的学生

学生在班级活动里总是显得不太积极,有时候甚至直接不参加。班主任布置的任务,他们可能会磨磨蹭蹭,或者装作不知道,以此来表达对班主任的不满。这种态度不仅影响班级氛围,还会让班主任觉得管理起来特别难。

(3)"自暴自弃"的学生

他们容易冲动,不太理性。他们总觉得班主任在故意找碴,和他们过不去。所以,他们不仅不把班主任的批评当作前进的动力,反而会当作反抗的借口。学习上他们可能放任自流,生活上也可能过得比较颓废。这其实是一种自我折磨的"软对抗"方式。

案例中之所以英语教师对班级情况不满意,大量学生留堂,

归根结底是因为师生之间情感纽带被冰冷的分数替代。班主任作为班级合育团队的主导者,应当及时召开班级合育团队会议,主动帮助英语教师开展工作,增强合育团队的凝聚力。

【学生有话说】

　　老师出发点是好的,是希望孩子们以此为戒,并用课后时间将知识补上,但孩子们真是这么想的吗?我们一起来看看。

　　烦死了,又要留堂,本来还约好了其他同学一起回家的,路上还能吃一点零食,这下全泡汤了。这题目也不会啊!我要是会了,我能不写对吗?也不敢问老师,刚被他批评过,哎,好烦啊,他不会已经告诉家长了吧,完了完了。真讨厌,就会告状!

【方法策略】

　　一个班级的良性发展,班级学生的健康全面成长,需要班主任与科任教师团队做好配合,形成教育合力。从本案例来看,暴露出来的问题有:师师缺乏沟通、学生抵抗情绪蔓延、班级合育团队缺乏合力、科任教师教育观念偏差、教师之间没有统一要求等。要想积极构建良好的班级合育团队,可以做到以下几点。

　　1. 调查了解,多方调查明真相

　　班主任都知道,学生陈述的事实往往受自身喜好和情绪影响很大,如果想要了解科任教师的真正做法,应当分别向班长、英语课代表、学生家长了解情况,制作问卷调查表了解学生成绩变化、作业时间、日常情绪变化、对英语的态度等。

　　2. 理解共情,互帮互助暖人心

　　一位不负责任的教师一定不会让学生"留堂",恰恰是因为英语教师太负责任,但是又缺乏比较好的方法,"好心办坏事",才会长期出现留堂问题,进而引发师生之间矛盾。这一定不是该教师的本意,因此班主任首先要和该教师进行沟通,主动担当,让科任教师的"好心"办成"好事"。

应当先找到英语教师沟通:"×老师您好,我看最近好多学生在大课间和放学后留下来,给您增添了很多麻烦,说实话,以缘相遇,让我们共同教育一群孩子,您看看有什么需要我来做的?如果没有,要不晚上孩子们留下来的时候,我来帮您看着,你也好在办公室休息休息。"

3. 理智分析,多维看待生良策

科任教师与班主任因为一起教育一群共同的学生,教师之间存在着一种天然的合作关系,在具体的合作育人过程中,也必然会因为各种原因而产生各种问题与矛盾。妥善解决在科任教师与班主任合作中出现的问题,对改善科任教师与班主任之间的合作关系,促进合作育人,提升教育教学的质量与效率有着非常重要的意义。

从英语教师的角度来说,需解决课堂纪律、学习态度、师生关系等问题;从学生角度来看,需解决学习难度大、难以达到教师要求、英语学习占用课余时间等;从班主任角度来看,需解决安全隐患问题、班级风气问题、教师沟通问题、团队缺乏合力等。首先应当做好以下几点。

主动沟通。通过班级合育会议,了解科任教师的需求和困惑,初拟解决方案后和科任教师沟通。

躬身入局。班主任坐班听课,一方面协助科任教师管理纪律,另一方面可以观察师生产生问题的原因。

寻求帮助。不仅仅班主任要和教师沟通,还要积极向班干部求助。

班主任:"最近我发现班级好多同学经常被留堂,你还知道是什么原因?"

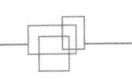

班主任："我想长期出现这种情况总归是不好的,你觉得问题出在哪里?"

班主任："作为老师,我也想了一些办法,但是考虑得也有不周到的地方,你能不能帮我提提意见呢?"

如果该学生不在"留堂"名单,大概率会提出一些相对客观的建议。但是如果这个学生也因为学业问题被英语教师处罚,那么他们便会大发牢骚、表达不满。班主任同样也不能忽视他们的感受,可以用一封信来助力师生沟通。

班主任："确实太辛苦了,老师也是从学生时代过来的,我能理解你们的感受。但是也和你们分享一下我自己初中时英语老师,他人非常好也非常神秘,为什么是神秘呢?因为下课后几乎见不到他,更别说有什么问题能找他解决了,作业没完成的他也不催,只是下一节课直接罚站。我们英语方面有什么问题也基本上都是问问身边同学或者其他班级的老师,这就是我的初中英语老师,大家觉得哪一种老师让你觉得更轻松呢?但是哪一种老师你希望遇见呢?"

班主任："同学们说得对,这是因为老师很关心我们的学业,但是呢,有时的一些做法确确实实给双方都带来了困扰。那我们能不能一起将自己想法写成一封信,尝试着主动和老师沟通一下,英语老师也是一个善解人意的人,相信他一定会重视大家的想法。"

互相体谅。无论是学生还是教师都不希望自己的想法被误解、被忽视。此时班主任应当及时进行集体教育,召开班级活动,主动要求科任教师走进学生,同时鼓励学生在节日向教师送上祝福。或者利用茶余饭后、课前课后,把学生对科任教师的赞誉与建议反馈给科任教师,通过沟通,赢得科任教师的支持与配合。

教师往往不图回报,但是一声"您辛苦了"却会让教师感到无比的温暖。这也有助于促进师生沟通交流,增强班级合育团队的凝聚力。

4. 多方参与,师生团队共成长

由于单一的教育机构或个人所获取教育资源和信息有限,班主任"独角戏"似的育人模式已无法适应当前社会发展和人才培养的需求,只有构建多元协同的育人团队,实现全员育人、全程育人、全方位育人,才能更好地促进学生全面发展。案例中合育团队的建设,班主任可以做到以下几点。

(1) 成体系化地搭建班级合育团队

首先需要明确班级合育团队成员。成员包括班主任、教师、家长、学生干部等。定期召开班级合育团队会议,当然形式可以多样,微信、电话、座谈会等,尽量在轻松愉悦的氛围中开展。

在团队中,要以"成全每一个孩子的成长"为核心理念,坚持互帮互助、及时沟通、主动担当、理解支持的原则,来开展班级合育团队工作。同时制订班级合育团队活动开展的一系列方案。

(2) 带领合育团队成员共同帮助教师解决问题

不仅仅是教师,还有家长也要积极分析孩子问题的原因,并发动家庭成员共同解决孩子的问题。例如家长值班制度、学生个性化作业定制、班级常规活动负责人制度、全员导师制等。

(3) 最重要的是合育团队必须时刻保持对外统一要求和态度,这是合育团队做法有效性的关键

对于同一个班级学生来说,倘若教师的教育观念和教育目标不一致,甚至相互冲突,容易给学生造成认知上的困惑与割裂、行为选择上的茫然与不知所措。教师应该充分认识到,没有对班级学生的统一要求,教育就不可能真正地发生。

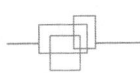

第四节 团队建设 互助共赢

随着教育改革的不断深入,学校团队建设已成为提升教育教学质量的关键环节,其团队建设的成功与否直接关系到学生的成长和学校的发展。在学校团队建设中,互助共赢是一种核心理念。它强调团队成员之间的相互支持、协作与共同进步。通过互助共赢的方式,班主任团队可以形成强大的凝聚力和向心力,共同应对教育教学中遇到的各种挑战。

从教师层面而言,要实现共赢,首先需要建立信任与沟通。教师之间应该坦诚相待,相互信任,共同分享教育教学经验。通过定期的团队建设活动,增进彼此之间的了解与信任,形成共同的目标和价值观。同时,团队成员之间应该建立良好的沟通机制,及时分享教育教学中的问题和困惑,共同寻求解决方案。其次,要发挥团队中每位成员的优势和特长。每位教师都有自己独特的教育教学风格和优势,团队中应该充分利用这些资源和优势,实现资源共享和优势互补。通过相互学习和借鉴,团队可以不断提高自身的教育教学水平,为学生提供更加优质的教育服务。

从学校管理层面而言,需要注意总结与反思。要加强教师培训和教育资源的投入,提高教师的人际沟通技巧和学科育人能力。加强教师培训和增加教育资源的投入是提高教师人际沟通技巧和学科育人能力的重要举措。教师培训需要注重专业知识和教学技能的提升,同时也要注重心理健康和人际沟通能力的培养。此外,增加教育资源的投入可以为教师提供更多的教学工具和支持,帮助他们更好地开展学科教育工作。综合来看,

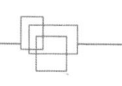

通过加强教师培训和教育资源的投入，可以有效提高教师的人际沟通技巧和学科育人能力，从而提升教育质量和学生的综合素养。

一、活动后的"自作主张"

在教育教学管理中，教师的自主决策和学校管理要求之间的平衡是一项至关重要的任务。对于年轻的班主任或是新手班主任，教师自主决策会存在一定的风险，如决策失误、偏离教育目标等问题。因此学校管理团队需要对教师们进行合理的引导和规范。学校可以制订合理的管理要求，既不过于严格也不过于宽松。这些要求应该基于教育目标和学生的需要，同时考虑到教师的实际情况和专业发展。

此外，学校还应该建立一种有效的反馈机制，及时了解教师的需求和意见，对管理要求进行适时调整和改进。同时，作为学校团队的一分子，教师应该积极参与学校的决策过程，理解并遵守学校的管理要求。只有这样才能确保教育的质量和效果得到最大程度的提升，为学生的全面发展创造更好的条件；才能在教师自主决策和学校管理要求之间找到真正的平衡点，实现教育目标的最优化。

【情境案例】

研学实践归来，正好是课后服务开始的时间。几位年轻的90后班主任却把整个班级都送出了校门。级部主任发现后询问："学生怎么都回家了？不是还有课后服务吗？"几位90后班主任只说在班级群接龙了，家长们都想把孩子接回去。"可是活动布置会议上明确说了，课后服务正常。为什么你们要让家长

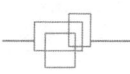

提前来接孩子呢？家长们如果没有时间来接，怎么办？"

【案例分析】

1. 学校层面

作为学校的管理层，都会从学生、教师、家长三个方面进行科学、统筹规划每一个活动环节，平衡各方面的矛盾点。因此案例中学校要求研学实践后，正常开展课后服务工作，一方面是因为这是一个整体的工作，不能因为个人和活动而随意调整或停止，如果要调整或停止也要综合考虑学生的情况、家长的困难；另一方面，作为一项民生工程，课后服务工作已成为学校工作中的常态。

2. 级部层面

一个年级组的良好管理需要遵循学校整体管理之下的全员通力合作。作为级部主任能第一时间发现这个问题，但是却没有在事先预判到可能出现的问题。其实作为级部的管理者，对于级部出现的问题，不在于问题的大小，而应该是能及时发现问题、及时将问题扼杀在事态发生之前、有效地解决问题，这三方面才是值得思考的问题。

3. 班主任层面

案例中的班主任都是90后的一代，他们在作为班级的管理者时，更多的是根据自身的成长经历来考量的。他们在带班中，可能会缺乏规范和章法，只考虑个体需求，不能做到兼顾全体，统筹安排。而案例中的几位班主任，未能严格按照学校的规定和流程行事，学校对于学生的上下学时间有明确的规定，作为班主任应该严格遵守且维护，而不是随意变更，这不仅关系到学生的安全，关系家长对学生学习严肃性的思考，也关系到学校的管理秩序和形象。

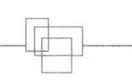

【班主任有话说】

　　作为一名班主任，我从学生实际情况出发，因为学生活动之后太累，想早些让学生放学回家。我也是在为学生考虑，可学校却认为我自作主张，违反了学校的管理要求，并没有真正从学生的角度思考问题。这引发了我对于如何在关爱学生与遵守规定之间找到平衡点的深入思考。

　　我的出发点是关心学生的身心健康。在紧张的学习和活动之后，学生们往往感到疲惫不堪。作为班主任，我希望他们能得到充分的休息，以便更好地恢复体力和精力，为接下来的学习做好准备。我相信，这也是每一位负责任的教师所期望的。然而，学校的管理要求也是我们必须遵守的。学校制订了一系列规章制度，旨在确保教学质量和秩序。作为班主任，我必须尊重并遵守这些规定，以确保学校的正常运转和学生的全面发展。作为一名班主任，我们既要关心学生的身心健康，也要遵守学校的管理要求。通过灵活应对、积极沟通和创新实践，我们可以在关爱学生与遵守规定之间找到平衡点，为学生的全面发展创造更好的条件。

【方法策略】

　　从案例中看，90后的班主任在看待工作和问题时，相对比较单一和简单，认为实践活动之后，提前放学无可厚非。他们的行为与学校、级部的管理方向相左，是思想意识淡漠、工作意识不强、责任意识不强导致的。级部管理者和班主任之间，只有在思想上达成共识，才能形成符合学校、学生、家长要求的工作方法和策略。

　　1. 风险预判，多元思考

　　每个年级组内都有一批个性不同、管理风格迥异的班主任，

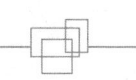

这些班主任会在"自运行"的过程中出现各种预想、意料之外的问题。面对这些问题,级部的管理者也需要能艺术地去解决潜在的问题与矛盾。可以在学校工作会议之后,将具体工作进行分工布置,有条理地把工作重点、难点进行二次布置,同时也要做好意识形态教育,让年轻的班主任们学会多元地看待每一项工作。

同时,级部中的各成员有效沟通和协作对提升工作效率非常重要。级部可以鼓励班主任之间多交流,共同探索解决问题的方法,及时解决管理中出现的问题。在学校管理的条线或者级部会议中,可以邀请每位教师都参与进来,并在日常工作和管理中设置一些互动平台或管理群,便于随时保持联络和沟通。

2. 双向理解,思想认同

站在不同的立场,不同角色的人思考问题的角度都会不同。90后年轻班主任因为经验的缺乏,使得他们不会立体地进行工作的规划和整合,在思考工作方法时,相对单一或片面。因此班主任对于学校整体工作安排的双向理解与认同很重要。

级部:"今天你们提前安排学生离校放学,和学校要求正常开展课后服务是相悖的。你们是怎么思考这个工作的?"

班主任:"因为我觉得学生活动回来很累了,想让他们早点放学回家,在家休息更好。"

级部:"你能从学生的角度思考问题是很好。但是你是否从家长的角度和学校的角度思考过这个问题呢?"

班主任:"我在班级 QQ 群里和家长通知了:'课后服务正常,有需要提前接孩子的家长在群里接龙,方便老师统计。'我也在为家长考虑。"

级部:"从表面上看,你确实做到了从学生、家长角度出发在思考工作。但是在班级 QQ 群这样的公开平台进行接龙,当工

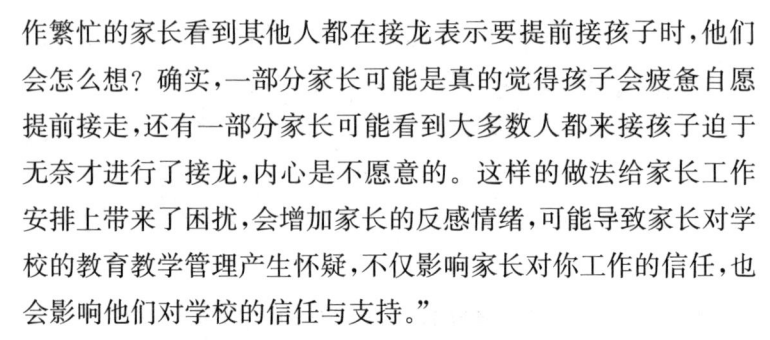

作繁忙的家长看到其他人都在接龙表示要提前接孩子时,他们会怎么想?确实,一部分家长可能是真的觉得孩子会疲惫自愿提前接走,还有一部分家长可能看到大多数人都来接孩子迫于无奈才进行了接龙,内心是不愿意的。这样的做法给家长工作安排上带来了困扰,会增加家长的反感情绪,可能导致家长对学校的教育教学管理产生怀疑,不仅影响家长对你工作的信任,也会影响他们对学校的信任与支持。"

3. 自我提升,管理有方

作为班主任,在遇到问题和事情后,首先要审视并改进自己的教育观念和职业道德,不断提高对学生、家长和学校的责任感和敬业精神。其次,要加强与同事的沟通合作,确保在活动安排上严格遵守学校的规定,不做主观的决断。第三,作为年轻教师,特别是班主任,一定要将安全教育知识和相关校纪校规了然于心,增强安全管理意识,采取有效措施,确保学生的安全。第四,作为新时代的教师,还需要正视自我,反思自己的问题,会总结教训,提高自我的纪律观念和规矩意识。

二、夯实工作底线,维护教育秩序

守好教育底线,意味着班主任要坚守教育的本质和初心,确保教育公平、公正、公开。这要求班主任不仅要关注知识的传授,更要让学生得到全面发展。同时,班主任还要坚决抵制各种违反教育规律、损害学生身心健康的不良做法,为学生营造一个健康、和谐、积极向上的成长环境。

维护教育秩序,要求班主任在健全的教育管理体系下,不断提高自身的专业素养和教育水平,为学生提供优质的教育资源和服务。同时,班主任还要加强与家长、社会的沟通与合作,形成教育合力,共同推动教育的健康发展。

【情境案例】

每到节假日前,学校都会要求各班级发放安全告家长书,做好学生的关心关爱工作,节日之后要关注学生的心理健康,还要上传各类证明材料……作为00后的班主任杨老师,嫌麻烦,并没有把这次的安全提醒告家长书全部收齐,也没有做好节前30分钟的安全教育工作,她班上的孙同学在节日期间因为网络游戏被骗了上千元钱,学校要求班主任提供进行"网络游戏"提醒和"反诈"教育的材料,以此证明老师是做到了教育工作的,想保护好杨老师。可是因为杨老师未能按流程办事,最后被问责。

【原因分析】

1. 班主任的安全意识淡薄

危险总是来自麻痹大意,来自内心的侥幸。班主任在潜意识下,认为每一次的安全教育、安全提醒等都是重复的无用之事。所以,班主任出现了未按教育规则落实安全教育的情况,也没有在节日前对家长做好家庭教育指导和必要的安全提醒。

2. 班主任的法律意识淡薄

《学生伤害事故处理办法》第五条中明确说明:"学校应当对在校学生进行必要的安全教育和自护自救教育。"第二十条提出:"对造成的学生的伤害事故,学校已履行了相应职责,行为并无不当的,无法律责任。"怎么证明学校已履行了相应职责呢?安全教育、安全提醒、告家长书以及安全教育的照片就是最好的证明。法律是讲证据的,当班主任没有证据证明自己将节日安全教育做到位,一旦出现班级发生安全事故,那么班主任和学校都将处于被动地位。

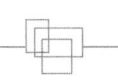

3. 班主任的独立意识较强

00后的班主任是有个性的一代,年纪尚小,对世界万物充满好奇和怀疑,经常考虑:"真的是这样吗?如果不这样做一定是坏的吗?"他们对待工作,可能只站在了自我个体的角度去思考,就会出现对学校管理要求不理解,甚至误解的情况。

【班主任有话说】

作为一名新手班主任,我一直有个疑惑:我们究竟是做传授知识的教师还是做保姆式的教师?学生的安全教育、自护能力的掌握……这些难道只是班主任的职责吗?我觉得这更多的是家庭教育的职责所在。为什么学生一旦发生了意外,却把问题指向学校和老师呢?

在一次和老教师的深度谈话之后,我慢慢意识到班主任的核心职责是教育和管理。在不同的情境下,班主任需要扮演不同的角色。例如,在课堂上,班主任应该主要扮演传授知识的角色,确保学生能够获得系统的学科知识;而在课后或学生生活中,班主任则需要更多地扮演保姆式的角色,关心学生的生活、心理和情感等方面。因此,班主任需要不断地学习和提升自己的专业素养和管理能力,以更好地履行自己的职责。

【方法策略】

1. 依章处事,扎实做事

国有国法,学校有学校的规章制度,班级有班级公约。古语常说:"不以规矩,不能成方圆。"为使学校的工作以学生为中心、循序渐进地开展,学校管理层经常会把很多事情的处理流程告知班主任,希望班主任能够结合自身的情况,学会综合思考工作的整体发展情况,从而做好工作的预判与闭环。例如,春季是各种传染病高发季节,如果班级内有学生发生呕吐事件怎么办呢?学校会告知大家第一步做什么,第二步做什么……有时,还会采取情景模拟的方式让班主任参与其中。

这一切工作都是为了便于班主任真的遇到学生在班级呕吐事件能不慌不忙地处理,并且将影响最小化。可以说,"工作流程"是学校管理层和有经验的班主任多年班级管理经验的总结和提炼,便于其他班主任复制,尤其是年轻班主任能够拿来就用。遇到相同情境时,班主任可以想想会议中提到的处理办法,然后对照完成。作为新手班主任,要在日常的班级管理中不断实践,扎实推进,做好闭环管理。

2. 守好底线,用心育人

班主任在教育的第一线,直接面对学生、家长。为了维护师生的合法权益,一方面班主任要不断提升法律意识,《中华人民共和国教育法》《新时代中小学教师职业行为十项准则》《中小学教育惩戒规则(试行)》……这些法律法规的内容,班主任要了解并熟悉,做法律所倡导的行为。只有依法执教,班主任才能守住师德底线,才能给自己的教育环境创造一个良性的氛围。另一方面,班主任要提升安全意识。关注、关心学生的身心健康,在班级的安全教育中用心、踏实地做好。对于容易影响学生身心安全的因素,班主任要考虑全面,及时做好面对面沟通,通过家访等途径告知家长和向学校报备,便于校家社协同育人。

3. 学会复盘,自我成长

生活中处处是智慧,要想做一名合格的班主任,需要对生活、工作中的细节多体会,对于发生过的事情要学会复盘总结。年轻的班主任,因为阅历和经验不足,走弯路或是自己的想法和做法与学校的要求背道而驰,而未收到理想的结果,这些都是可以理解的。因为班主任从自己的角度看,总觉得学校的一些要求或是工作、决定等"匪夷所思"。从教师专业发展的角度来看，学校会用心帮助每一位年轻教师提高专业素养，提升他们教书育人的业务能力。其实对于年轻的教师而言，这也是一个自我净化、自我提高、自我完善的过程。

因此，在年轻班主任的成长过程中，还要学会总结反思，不能只从一个角度看待问题。年轻的班主任要"在学中思，在做中学，在品中揣，在练中悟"，不断学习用管理的思维做教育，让自己成为一名优秀的班主任。

三、组建班级育人共同体

班级合育共同体是德育工作中师师沟通的重要方式。教育工作没有任何诀窍和万能公式，工作中也没有那么多的轰轰烈烈，更多的时候都是在平平常常的生活中，面对学生一些琐碎和复杂的问题，发挥师师合作的作用，形成合力。

而一切的核心是以平等的精神去看待学生，助力学生的成长。做好班级合育共同体最重要的是找到问题的根源，积极探索解决问题的途径，考虑学生个性化需求，才能真正做到育人育心。

【情境案例】

班主任王老师工作认真负责，班级管理比较严格，学生们都很怕他，王老师自认为班级管理做到了秩序井然。但是班级科任教师都发现学生们上课不配合，课堂比较混乱，可是科任教师反映给王老师时，王老师却很不相信。他回答说，他在班上时或者他上课时学生表现很好，是不是科任老师在课堂上没有严格要求学生呢？学生就得严格要求才能管好。学生们都很惧怕王老师,有什么心事不敢和王老师说,各科任老师也比较苦恼,因为感觉很难在教育学生时得到王老师的支持。

【案例分析】

本案例中可以发现科任老师的困扰主要是:苦恼班级学风不佳、班主任班级管理比较严格缺少民主的班级管理氛围。这两样如果在平时都比较好处理,因为可以通过一段时间的合育管理重新塑造班级学风,班主任的处理就要充满智慧,与各学科教师形成合育团队才能帮助学生及时调整学习状态。

案例中王老师"工作认真负责,班级管理比较严格,孩子们都很怕他"。对于任何一个人来说,适应不同管理风格是需要一段时间的,以前学生会对班主任的教育言听计从,但是作为班主任要意识到学生是一个独立的不断发展的个体,班主任和学生的关系不能一直处在一个舒适圈里。随着学生的成长,他们的三观、情感也在不断地变化,作为班主任应当拥抱这种变化,而不是故步自封。当然,作为班主任应当明确,在学生在校学习的特殊时间段,学生的神经是时刻紧绷的,班主任应当多鼓励学生,对于学生一些非原则性的错误,以提醒、帮助为主。

班主任和学生之间的关系也是一种社会关系。这种关系是相互的,一方面是班主任对学生发展的教育、关心、爱护、指导和帮助等方面的关系,另一方面是指学生对班主任的教育、关心、爱护、指导和帮助等方面所表现的接受、反感、恐惧、紧张等方面的关系。

案例中当各科任教师将学生的情况反映给王老师时,王老师却很不相信。他认为,他在班上时或者他上课时学生表现很好,科任老师在课堂上没有严格要求学生。这样的观点也是有错误的。班级应该建立在各科老师共育的基础上,各科任老师

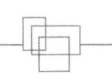

应该相互配合,互相沟通,针对班级学生存在的问题,找出有针对性的策略。班级的教育教学是各科老师形成合力的过程,团队在班级管理中的力量是无穷的,班级管理中一定要相信团队,依靠团队,避免闭门造车、单打独斗。

【学生有话说】

我们班级的同学其实都不是很喜欢王老师,因为王老师平时对于我们的管理太严格了,每时每刻都在教室里盯着我们,我们在班级没有自由时间,同学们都很压抑。我们知道王老师是为了我们好,但是我们也慢慢长大了,也需要自由成长的空间,所以当其他科任老师的课时,有时我们就会稍有放松,我们也知道各个课堂我们都应该听,但是有时就想放松一下,所以才会在其他课堂上面出现课堂状况不好的情况,也好想让王老师也像其他科任老师那样,不要管我们管得太严格了!

【方法策略】

1. 利用关键人

(1) 班干部团队

首先,班长作为班级的大管家,承担着班级日常管理的重任。在班主任不在班级期间,班长便是班级的临时领导者,负责监督班级的纪律、卫生、安全等方面的工作。班长不仅要时刻关注班级动态,及时发现并解决问题,还要与各科老师保持密切联系,了解班级的学习情况,以便及时向班主任汇报。此外,班长还要组织班会,传达学校的各项通知和要求,确保每位同学都能及时了解和掌握相关信息。

而团支书则重点负责班级其他活动的组织与管理。团支书需要根据学校的安排和班级的需求,策划和组织各类活动,如文

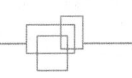

艺演出、体育比赛、社会实践等。通过这些活动,团支书能够激发同学们的参与热情,增强班级的凝聚力和向心力。同时,他还要负责活动的筹备、组织、宣传等工作,确保活动的顺利进行。

除了班长和团支书外,其他班委也都有明确的岗位职责。学习委员负责监督同学们的学习情况,及时反映学习上的问题和困难;生活委员则负责班级的卫生和物品管理,确保班级环境的整洁和有序;文体委员则负责组织班级的文体活动,丰富同学们的课余生活。这些班委各司其职,共同为班级的和谐与发展贡献力量。

每位班委都需要充分发挥自己的特长和优势,认真履行自己的职责。他们不仅要在日常管理工作中表现出色,还要在组织班级活动中展现卓越的策划和组织能力。他们的辛勤付出和无私奉献,将为班级的繁荣与进步奠定坚实的基础。

总之,两个核心班委抓好两项大工作,其他班委各司其职,这种分工明确、协作紧密的管理模式,为班级的和谐与发展提供了有力保障。在这样的班级氛围中,同学们能够更好地发挥自己的潜能和才华,共同创造更加美好的未来。

(2) 和科任教师共育困境学生

基于对班级困境学生的全面了解,与科任教师积极商讨方法,思维碰撞,围绕困境学生的学业养成、人际关系、家庭指导等给出具体方法,制订相应措施,明确班级各位教师的职责,教师职责分明又协同跟进。群策群力参与班级建设管理,面对困境学生,不抛弃,不放弃,想办法,找对策,帮助学生走出困境,健康成长。本着全员、全过程育人的理念,体现对学生的关心与关爱。遇到问题,班级各科教师及时和学生家长进行沟通,询问学生最近情况如何,必要时和学生直接电话联系,并以鼓励为主。让学生意识到班主任不仅仅是对其出现的问题比较关注,同时还希望其能利用这段时间以来改变自己。

2. 关注关键事——班级工作计划和总结

班干部定期总结并反馈。在班干部的培养过程中，可采用值日班干部小结制。这一制度在每日晚自习临近结束时的3至5分钟内执行。值日班干部需在此限定时间内进行班级总结。班主任可指导班干部从课堂纪律、出勤情况、作业提交、卫生清扫以及仪容仪表等多个维度进行小结，并可根据上午、下午、晚上等不同时间段进行分段总结。此举旨在提升班干部的班级管理能力，同时也有助于培养他们的总结能力和口头表达能力。

在值日班干部小结制实施初期，班主任可提供模板化的指导，以确保班干部能够规范、有效地进行总结。在制度推行的前两周内，班主任最好能每日听取班干部的总结，并在私下里对每位进行小结的班干部进行点评和指导。

此外，班主任可为班干部创造更多的公开展示机会，以促进他们在实际操作中不断锻炼和提升自身综合素质。一支具备高素质的班干部团队，在营造良好班级风气、推动班级良性发展以及协助班主任高效管理班级等方面，均将发挥至关重要的作用。

3. 抓住关键点——教师处理好与学生关系

在教育领域，教师的言行举止对学生具有深远的影响，可能产生激励或挫伤的效应。尽管教师也是普通人，难以做到完美无瑕，但师生间良好的关系有助于自动调节潜在的教育误差。教育的基石在于人与人之间的信任与关心，而我们的教育目标在于培养全面发展的人，因此在教育过程中，妥善处理各种关系至关重要。不要让学生觉得班主任和各科任教师是一起来管理学生的，从而对班级任何教师都充满敌意，不愿意敞开心扉。

首先，尊重与理解是建立良好师生关系的基础。作为教师，应当充分尊重学生的个性、想法和意见，避免使用侮辱性或惩罚性的语言,而是采用鼓励和激励的方式引导学生。同时,教师还需要具备换位思考的能力,深入理解学生的感受和需求。

其次,有效沟通是师生相处的关键环节。教师应主动与学生保持联系,了解他们的学习、生活和心理状态,并给予学生足够的信任和空间,让他们愿意分享自己的问题和困惑。在沟通过程中,教师应认真倾听学生的意见和建议,不断优化教学方法和策略。针对不同学生的特点,教师应采用多样化的沟通方式,如定期谈话、书信交流等,以走进学生的内心世界。

后　记

当收到南京师范大学出版社编辑寄来的样稿的那一刻，我内心满怀期待，激动不已。我小心翼翼地拆开信封，双手仿佛捧着一个新生的婴儿。这份稿件不仅承载着我个人的努力与汗水，更凝聚了与我并肩作战的伙伴们的智慧与心血。回望过往的日日夜夜，那些挑灯夜战的时光历历在目，那真是一段既充满挑战又洋溢着喜悦的旅程。

我们作为奋战在教学一线的教育工作者，时常目睹同事、同学们因缺乏沟通技巧而引发的矛盾冲突。所以，我们在本书的写作过程中较多运用各类人际沟通的生动案例，尽量向读者朋友们简洁明了地展示如何融洽师师关系、师生关系、生生关系、家校关系。学校中各学科老师的相互合作与融洽相处，构成了一个创新且有效的班级合育共同体的教育模式。这不仅有利于班集体的建设，更有助于学生的健康成长。各学科教师之间如何沟通协作、相互帮扶，如何才能形成一股教育的合力，教师之间的沟通方法尤为重要。有经验的教师可以向新教师传授教学技巧、班级管理经验，新教师则可以为团队带来新的教育理念和应用技术方法，通过友好的相处与沟通，共同促进教育水平的提升，可以形成全员、全方位、全过程育人的新环境。同样，只有教师掌握一定的沟通技巧，采用科学合理的沟通方式，才能实现良性的教与学互动，师生间融洽的沟通与相处。学校中良好的生

后 记

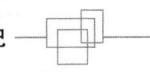

生沟通,不仅能培养学生的表达、倾听和理解能力,还能够为他们未来更好地融入社会、获得更好的发展埋下基石。此外,我们也会经常处理因家校沟通不畅而引发的矛盾。其实,无论是付出甚多的班主任,还是心怀怨言的家长,双方的目标都是一致的——为了让孩子更好地成长。然而,教育观念的差异、沟通技巧的缺失、沟通信任度的不足等因素,往往影响了家校沟通的效果。所以,教育中的人际沟通渗透在学生与学生、教师与学生、教师与教师、教师与家长的每一次互动交流中。我们在书中为了保障育人理念的先进性、科学性、前瞻性,也开始尝试不断转变育人的观念,关注班级育人方式变革,重视全员育人背景下班级管理改革的重要性,包括班级管理体制改革的基本共识、理论建设和实践探索等。力图为构建班级管理体制改革的社会支持系统路径,促进班级育人方式的不断创新添砖加瓦。

我们在本书的编写过程中,更是得到了齐学红教授的高位引领,齐老师鼓励我们说:"你们作为一线的班主任,掌握着鲜活的第一手班级管理资料,这是最难能可贵的。"我们每当遇到写作的困难,齐老师总是不厌其烦地给予帮助和指导。她引导我们首先确定学校工作中的人际沟通活动存在于教师、学生、家长之间,其次围绕该群体在教与学的工作和生活中到底会遇到哪些沟通困难,最终找到具有代表性的人际沟通难题作为写作的切入点进行展开论述。齐老师用渊博的知识以及独特的视角帮助我们进行提炼与梳理,排忧解难,一次次使我们从狭隘走向广阔,从迷茫走向清晰。齐老师无私地分享自己的经验和见解,为本书注入了丰富的营养。真诚感谢齐老师的指导与帮助!

参与本书编写的老师来自不同的学校,涵盖了从小学、初中到高中整个学段,均是一线骨干班主任,他们是仝磊、冯锟、赵家伟、石朋慧、庆春阳、苏佳佳等。其中,冯锟、仝磊、石朋慧三位老师虽然分别承担着初三、高三的教育教学任务，但他们依然挤出时间，挑灯夜战，按时完成所负责的书稿内容。此外，王景晨与陈祥两位年轻班主任各撰写了一篇情境案例分析与策略建议，在此表示感谢。为了写好此书，团队的小伙伴们和我一起探讨、反复沟通，全力寻找最为契合的、鲜活的情境案例，更好地呈现科学合理的人际沟通指导策略。在此，感谢各位老师的辛苦付出，正是有了他们的付出与努力，才使得本书以相对完美的姿态呈现在读者面前。

  每一次写作都像是自己的涅槃重生！出于对知识的敬畏，我在写作本书的过程中查阅了大量的资料，参悟教育学中的经典理论和最新研究成果，也结合了自己在教学工作中的亲身经历，将切实可行的沟通技巧融入其中，力求为读者呈现一个全面、系统且实用的人际沟通指南。如果这本书能帮助新手教师掌握一定的沟通方法与技巧，解决教学实际工作中的难题，那便实现了我最大的心愿。

  最后，由于本人能力有限，书中的观点、方法仅是我们的一家之言，如有不当之处，恳请读者批评指正，不胜感激。

杜海艳
2024 年 11 月